Julio Romero de Torres

TEODORO FERNÁNDEZ VÉLEZ

Julio Romero de Torres

Vida y obra

ALMUZARA

Primera edición: febrero de 2021

Editorial Almuzara • Colección Memorias y Biografías
Director editorial: Antonio Cuesta
Edición de Ana Cabello y Rebeca Rueda
www.editorialalmuzaracom
pedidos@almuzaralibros.com - info@almuzaralibros.com

Imprime: Romanyà Valls
ISBN: 978-84-18346-77-4
Depósito Legal: CO-32-2021
Hecho e impreso en España - *Made and printed in Spain*

A mis abuelos.
Especialmente a Francisco, que en dos frases os contaría mucho más sobre la vida que yo en todas estas páginas.

Este libro fue escrito durante el curso 2019-2020 en el sillón que, hasta su fallecimiento unos meses antes, tenía mi padre en su despacho. Sentado en él, organicé la información que encontré en el Archivo Histórico Provincial de Córdoba y redacté las ideas que me iban viniendo a la cabeza en los largos paseos que habitualmente doy con mi perro, Sunday, por la Axerquía cordobesa. La misma Axerquía en la que Julio Romero de Torres naciera, creciera, viviera y muriera, también paseara a su perro, y cuyos rincones llevara a muchos de sus cuadros.

Quizá ellos tres —mi padre, Sunday y Julio— hayan tenido algo que ver en el resultado final.

Ojalá.

Índice

Prólogo

Los antiguos manuales de enseñanza incluían preguntas y respuestas que había que aprenderse y recitar de memoria. Recuerdo que una de ellas cuestionaba: «¿Qué hace falta para enseñar latín a Juan?». Y la respuesta decía: «Para enseñar latín a Juan, lo primero que hace falta es querer a Juan». De la misma forma, para escribir de Córdoba, lo primero es amar a Córdoba. Y amarla no con un amor infantil, sino con un amor maduro que la cuide, la valore y la descubra queriéndola, que resalte sus virtudes, intente hacerla mejor y cure esas heridas que desde dentro y desde fuera ha sufrido. Teo Fernández es de esas personas que pueden escribir con autoridad sobre Córdoba y sus personajes, porque la ha pateado, la ha explicado, la ha divulgado, a través de los cauces de la televisión, las guías a pie de calle y la organización de conferencias. Ahora entra por la puerta grande de la publicación de libros con este volumen editado por la prestigiosa editorial Almuzara y dedicado a uno de los excelsos personajes históricos cordobeses: Julio Romero de Torres.

Julio Romero de Torres es un personaje absolutamente fascinante por tres motivos. Primero, por ser un pintor con un estilo definido, que marcó una época y continúa estando entre los grandes artistas reconocidos por la historia del arte; segundo, porque logró triunfar en Córdoba y fuera de ella, algo al alcance de muy pocos, y tercero, porque su persona y su pintura han logrado vincularse eternamente con la imagen de Córdoba. Pues bien, Teo Fernández aborda magistralmente en las siguientes páginas a esta célebre figura, construyendo la biografía definitiva sobre el pintor.

Una biografía viva y palpitante, al mezclar planos de su vida con su obra por medio de cinco grandes bloques: «La familia», «La mujer», «La ciudad», «La muerte» y «El tiempo». Por ejemplo, donde trata sobre la ciudad, habla de la Córdoba que el artista vivió y del paisaje urbano que representó en los fondos de sus cuadros. A grandes rasgos, sigue un orden temporal, como resulta evidente —empieza con su familia y termina con la creación de su museo—, pero no de forma absoluta, pues encontramos algunos saltos hacia delante y hacia atrás. El libro presta mucha atención a la familia del pintor; a la imagen de la mujer en el simbolismo; a lugares emblemáticos de Córdoba y de la vida de los Romero de Torres, como la plaza del Potro; a la etapa del artista en Madrid, y a sus cuadros más significativos, como *San Rafael*, *Poema de Córdoba*, *Cante hondo* o, por supuesto, *La chiquita piconera*.

No es la primera vez que el autor se acerca a la figura de Julio Romero de Torres, pues ya la abordó con las actividades impulsadas durante cinco meses de noviembre consecutivos, de 2014 a 2018, en «El mes de Julio Romero de Torres». Se nota ese rodaje y conocimiento previos, para escribir ahora un libro redondo y de madurez, sin perder el tono divulgativo y ameno que tanto caracteriza y es de agradecer en Teo Fernández. Para lograr su objetivo, no ha dudado en acudir a las mejores fuentes sobre el pintor: los libros y los catálogos imprescindibles, artículos científicos, fuentes orales, el archivo familiar que custodia la Junta de Andalucía y autores que ya lo han abordado, como Mercedes Valverde, Fuensanta García de la Torre, José María Palencia, Francisco Solano Márquez, María del Mar Ibáñez, Jesús Cabrera, Gonzalo Herreros, Juan Bautista Carpio, Miguel Ángel Roldán, Leopoldo Izquierdo y quien suscribe este prólogo.

Desde Andalucía, que, sin desmerecer a las demás regiones de nuestra querida España, aúna patrimonio y nombres propios que figuran escritos con letras de oro en las páginas de la historia y el arte desde la Antigüedad a nuestros días, se ofrece, con motivo del XC aniversario de su muerte, este aglutinador y poliédrico ensayo sobre Julio Romero de Torres. Sin duda, se convertirá en un libro básico para conocer y divulgar entre el gran público al pintor cordobés más ilustre de todos los tiempos. Enhorabuena a Teo y a la editorial Almuzara, a los que me unen profundos lazos de amistad, por hacer esto posible.

Juan José Primo Jurado
Director del Instituto Andaluz del Patrimonio Histórico
Consejería de Cultura y Patrimonio Histórico de la
Junta de Andalucía

INTRODUCCIÓN
Julio Romero siempre estuvo ahí

«Lo mío con Córdoba es un largo noviazgo que no acaba nunca, y como todos los noviazgos, unas veces es apasionado y otras más tibio».
Pablo García Baena

«Perdimos a Romero de Torres cuando su hija quemó sus cartas en una caja de galletas», decía el titular de una entrevista realizada en 2017 a Mercedes Valverde Candil, entonces directora del Museo Julio Romero de Torres. En ella, Mercedes contaba que en una ocasión fue a visitar a María, la hija menor de Julio, y se la encontró a punto de quemar lo que estimó que podrían ser doscientas o trescientas cartas del pintor.

Se trataba de correspondencia con personajes tan insignes como Valle-Inclán o Benavente que María había roto en cientos, miles de pedacitos y que estaba dispuesta a incinerar en el patio de la casa. Mercedes lamentaba que, a pesar de su insistencia en que desistiera, no lo lograra: «María segó la posibilidad de saber si su padre tuvo tal vez una vida más profunda, compleja, rica y enriquecedora», de conocer «el algo más de Julio Romero de Torres». Y sentenciaba que aquel fue uno de los días más tristes de su vida.

Mercedes mencionaba además otras circunstancias que han contribuido a la pérdida de información sobre Romero de Torres, como la posible destrucción y dispersión de documentos que fue tan común en muchas familias, por precaución, durante la guerra civil española y los años posteriores. Quizá, efectivamente, ello también se diera en la vivienda de la plaza del Potro. De hecho, apostilló que, de no haber muerto en 1930, Julio habría terminado, «como muchos de sus amigos, exiliado».

Todo lo expuesto complica, a pesar del material que sí se conserva, cualquier aproximación más personal que artística a este personaje. Esa es, sin duda, una de las causas de que no existan demasiadas biografías sobre él y de que, aunque en Córdoba su nombre sea muy utilizado y se sienta como un referente identitario, el universo «juliorromeriano» continúe siendo un lugar desconocido para la mayoría. Un rincón perdido en alguna parte del espaciotiempo, al igual que aquella Córdoba eterna que plasmó en los fondos de sus obras.

Yo mismo lo descubrí tardíamente, y remarcaría que ello sucedió fuera de la ciudad en la que ambos nacimos. Pues comencé la carrera de Historia del Arte en Córdoba, pero disfruté de una beca Erasmus en Roma y la terminé en Granada. En todas las respectivas facultades, era común que los departamentos de esta disciplina organizasen viajes de estudios, incluso más de uno al año.

Por supuesto, había visitas logísticamente sencillas, como las semanales al Museo Arqueológico de Córdoba con Carlos Márquez. Otras que suponían un desplazamiento de media o toda la jornada, como visitar Medina Azahara o la Alhambra con M.ª Ángeles Raya. O las que nos descubrían el arte moderno granadino y jiennense con Lázaro Gila Medina. Incluso se daba el caso de viajes excepcionales, como los que llegaban hasta Roma o París (aparte del viaje de fin de carrera).

Curiosamente, el recorrido más habitual era la ruta Madrid, Segovia y El Escorial, pernoctando en uno de esos dos últimos lugares. De hecho, era tan común que lo realicé tanto con la Universidad de Córdoba como con la de Granada. En él descubrí la Real Academia de Bellas Artes de San Fernando, el Museo Thyssen-Bornemisza o el Museo Nacional Centro de Arte Reina Sofía. Recuerdo que en este último me impactó especialmente la sensualidad modernista del retrato de *Sonia de Klamery echada*, de Hermenegildo Anglada Camarasa. Me pareció bello, misterioso y sensual, sensaciones muy similares a las provocadas por las obras de un tal Julio Romero de Torres, con cuyas obras, no casualmente, compartía sala.

En las asignaturas que cursé en la ciudad de la Alhambra tenía la costumbre de elegir un tema cordobés para todos los trabajos que nos encargaban exponer en clase. Así lo hice, por ejemplo, con la Córdoba romana, que tan bien había conocido de la mano del mencionado Carlos Márquez; con la candidatura para la capitalidad europea de la cultura del año 2016, o con el asunto que nos ocupa:

el fascinante pero para mí entonces tan desconocido Julio Romero de Torres.

Es decir, siendo estudiante de Historia del Arte en Córdoba, descubrí al que ha sido (gustos personales de cada uno aparte) objetivamente el artista más renombrado que ha nacido en esta ciudad cuando marché fuera de ella. Cabría preguntarse si algo falla...

La profesora de la asignatura para la que traté al pintor cordobés era Esperanza Guillén Marcos, que, además, me puso un 9,75 en el examen: «Exceptuando un dato erróneo, el examen es perfecto. Perfecto». Ella nos enseñó durante un cuatrimestre arte español del siglo XX, mientras la primera parte de la materia (la que correspondía al arte español del siglo XIX) había sido impartida por José Manuel Rodríguez Domingo, a quien a menudo he recordado que la mejor clase en la que he estado fue una suya que trató sobre arquitectura historicista.

También tuve en Granada otros grandes profesores, como Antonio Jiménez Estrella o Ignacio Henares Cuéllar, quien, ante nuestro asombro, daba las clases sin ningún tipo de material auxiliar (ni siquiera para él), dictando de memoria sus publicaciones y pensando en voz alta cosas como: «El curso pasado incluí este párrafo, pero este curso lo voy a quitar». Años después, me lo encontré en una cafetería de Córdoba, junto a la casa de mis padres, y se empeñó en invitarme a desayunar.

Pero a Esperanza le debo aquella primera inmersión en Julio Romero de Torres y me temo que la nota más alta que obtuve en una ciudad en la que, sin buscarlos, me rodeaban Federico García Lorca, José María López Mezquita o José María Rodríguez Acosta, todos vinculados de una manera u otra con nuestro protagonista.

Durante mi estancia en Roma, me maravilló una exposición sobre la perspectiva en la pintura del Renacimiento, en la que quedé prendado de *La ciudad ideal* de Piero della Francesca. Era la misma forma de representar un escenario urbano que veríamos en muchas obras de Julio Romero de Torres (por ejemplo, en *La consagración de la Copla*), que había viajado a Italia y se había enamorado del Renacimiento tanto como lo haría yo un siglo después.

Aquella forma de viajar, dos décadas antes de la redacción del libro que tiene entre sus manos, poco tenía que ver con la de ahora. El mundo no era tan pequeño y lo menos importante de la experiencia era, contrariamente a la actualidad, compartirla visualmente. Por ejemplo, durante esa estancia italiana, mis amigos españoles se iban los domingos por la tarde a jugar al fútbol a alguna de las antiguas villas familiares romanas que hoy son grandes parques públicos. Mientras tanto, yo prefería recorrer a solas un largo tramo de la Via Appia Antica. De los paseos por aquella calzada romana apenas conservo un par de fotos del enclave (analógicas, claro). Y en ellos (sorpréndanse) incluso apagaba el teléfono móvil durante varias horas. De hecho, el motivo real de nunca olvidar la cámara réflex era aprovechar su bolsa para llevar dentro el móvil desconectado y un cuaderno de notas.

Como suele ocurrir, estaba viendo (o, al menos, valorando) con más claridad lo que tenía lejos que lo cercano. Porque Julio, antes de esos años de universidad y viajes, siempre había estado ahí. Cuando cantábamos el pasodoble «Soy cordobés, de la tierra de Julio Romero, pintor de *La musa gitana* [...]» en los partidos del Córdoba C. F. como si fuera el himno del equipo; o en la calle en la que me crie, Julio Pellicer, a la que da nombre un escritor que fue amigo y cuñado del pintor, quien casó con su hermana, Francisca Pellicer.

O sobre todo, en las fechas de nacimiento y los nombres: nací un 10 de noviembre, y Julio Romero de Torres lo hizo un 9 de noviembre. Lo curioso es que el 9 de noviembre (o sea, la víspera de mi cumpleaños) es... mi onomástica, San Teodoro. Por tanto, Julio nació el día de San Teodoro, y por eso su nombre de bautismo completo fue Julio Manuel Antonio Rafael Teodoro de la Santísima Trinidad. Pero no crean que queda ahí la cosa. Si consideran que lo del nombre no debe de tenerse muy en cuenta, pues se debe, como he dicho, al santoral, añado otro detalle: el cura que lo bautizó... ¡también se llamaba Teodoro!

Asimismo, el pintor había estado presente en algunas de las lecturas obligadas durante mi etapa de instituto que me apasionaron, como *Luces de bohemia* y *La feria de los discretos*. La primera de estas obras fue creada por Ramón María del Valle-Inclán, uno de los mejores amigos de Julio, con quien compartía inquietudes artísticas y nocturnidad capitalina. E hizo que, estando yo buscando el rastro de su autor por las callejuelas del Madrid de los escritores, estuviera, todavía sin saberlo, también pisando las huellas de Julio Romero.

La segunda, que se escribió igualmente en vida del pintor y se ambienta unos años antes de su nacimiento, me transportó a una Córdoba esencial. Leyéndola me sentía como si hablase de una ciudad que yo había conocido en otra vida. Una Córdoba que podía intuir en mis paseos nocturnos por los barrios de la Axerquía cuando regresaba a casa de los mágicos cines de verano, pero que no volví a encontrar de lleno hasta que me dejé absorber por los paisajes urbanos de los cuadros de Julio.

El reencuentro (o, mejor dicho, el aterrizaje, la concreción de aquel orbitar de tantos años) empezó a gestarse en 2012, cuando creé Érase una vez Córdoba, una pequeña empresa cultural con la que divulgar algunos aspectos del patrimonio histórico-artístico cordobés que son poco conocidos. Empezamos con el patrimonio tradicional o etnológico abordando leyendas locales. Luego continuamos con el arqueológico menos visible a través de los espacios subterráneos que lo albergan. Y después abordamos algo menos novedoso pero igualmente pendiente de ser difundido al gran público: la obra de Julio Romero de Torres.

En aquel tiempo, la historiadora del arte Ángela Laguna, excelente guía, era la responsable de nuestra visita guiada al museo del pintor los domingos por la mañana. Sin embargo, el producto no terminaba de llamar la atención del cliente. Hasta que llegó el otoño de 2014. Semanas antes me di cuenta de que el 9 de noviembre (fecha de nacimiento del artista) no solo era domingo, sino que se cumplían justo ciento cuarenta años de su venida al mundo. Por eso pensé en realizar una visita especial que nos sirviera como promoción y punto de inflexión.

Me dirigí a Fundación PRASA con la intención de que me cedieran la imagen digital de alguna obra de Julio para hacer un cartel. La idea les gustó y me ofrecieron organizar una conferencia en su salón de actos unos días antes de la visita guiada. Para la misma, recurrieron a Fuensanta García de la Torre, que había sido directora del Museo de Bellas Artes de Córdoba durante más de treinta años.

Fui entonces al Palacio de Viana (propiedad de Fundación Cajasur) para consultar si en ese *tour* especial podíamos incluir dos maravillosas obras propiedad de Cajasur que tenían previsto exponerse de forma continua en el Palacio: *La Saeta* y *Amor místico y amor profano.* Sin embargo, no era posible porque el espacio en cuestión no estaba aún inaugurado. Además, una de ellas se encontraba fuera, en una muestra temporal. A cambio, me ofrecieron enseñar dos retratos de la primera etapa de Romero de Torres; dos rarezas prácticamente inéditas.

Cerca de Viana se ubica el Real Círculo de la Amistad, entidad con la que en aquella época yo tenía una cierta relación y que conserva unos preciosos murales del artista. También solicité explicarlos al público de aquella actividad conmemorativa. Y no solo respondieron afirmativamente, sino que nos ofrecieron incluirlos de ahí en adelante en nuestra visita guiada semanal.

Mi siguiente destino fue el Mercado Victoria, pensando que podría ser un buen escaparate para el asunto. Les propuse realizar allí una presentación del ciento cuarenta aniversario y sus dos actividades (mi *tour* y la conferencia de Fundación PRASA). La responsable de Comunicación me dijo que sí y añadió que la efeméride merecía rematar el paseo guiado en el propio Mercado, por ejemplo, con una cata de fino por cortesía de la denominación de origen protegida Montilla-Moriles. Y me dio la idea de que la presidiera la mencionada Mercedes Valverde Candil.

Mercedes aceptó. Y el gerente de la D. O. P. Montilla-Moriles, Enrique Garrido, me dijo que ellos también querían poner su grano de arena: no solo invitaron a los asistentes a la cata, en la que también intervino el periodista Jesús Cabrera, sino que hicieron catavinos con el logotipo que habíamos preparado para el ciento cuarenta aniversario.

Es decir, lo que nosotros pretendíamos que fuese una visita guiada con un contenido especial y una promoción destacada con la excusa del ciento cuarenta aniversario del nacimiento de Romero de Torres se convirtió en varias actividades debido a que todo aquel al que fuimos a pedirle algo nos ofreció más de lo que le solicitábamos. Y solo me quedó el placer y el honor de coordinar el programa.

Preparé un par de eventos más (como una tertulia radiofónica en un patio), con la aportación de otras muchas empresas (entre ellas, Grupo SOJO o el restaurante El Churrasco) para ocupar la semana completa. Y la conmemoración quedó redonda, incluyendo la presencia del concejal delegado de Turismo del Ayuntamiento de Córdoba en la presentación y una muy buena repercusión mediática.

El alcance de dicha repercusión no fue solo local, pues el 9 de noviembre es el día de la Virgen de la Almudena, patrona de Madrid, y, al caer en domingo, el festivo se pasaba al lunes. Contacté, pues, con Cadena SER (Madrid) para comentarles la serie de coincidencias: Radio Córdoba – Cadena SER colaboraba en el asunto (con la mencionada tertulia radiofónica); Julio Romero de Torres vivió durante muchos años en la capital, y en el «puente» que coincidía con su ciento cuarenta aniversario era seguro que muchos madrileños vendrían a Córdoba.

Horas después de enviar un correo electrónico explicando la cuestión a la que, si no recuerdo mal su cargo, era responsable de Cultura de la emisora, un teléfono con el prefijo 91 llamó a mi móvil. Supuse que era ella. Tras confirmar nuestras identidades, me dijo: «Esto que me has mandado es maravilloso». Y el sábado 8 de noviembre, nuestro evento estaba resonando en las noticias de la mañana a nivel nacional.

Aquella semana de actividades salió muy bien. Siempre digo que, quizá, demasiado bien. Y, sobre todo, supuso mi primera inmersión en una cierta gestión divulgativa del universo Romero de Torres, suponiendo además entablar por primera vez relación con Mercedes Valverde, Fuensanta García y José María Palencia (director del Museo de Bellas Artes).

En torno al 9 de noviembre del año siguiente, también quisimos realizar alguna conmemoración, pero lo hicimos centrando la atención en un punto de información que Érase una vez Córdoba tenía en el Mercado Victoria. Lo tematizamos, sobre todo gracias a la buena disposición del gerente del espacio, Paco Mulero, y a las reproducciones de cuadros cedidas por el Consorcio Municipal de Turismo y el Patronato Provincial de Turismo. Además, contamos con la colaboración de Fundación PRASA, el Palacio de Viana y el Museo Carmen Thyssen Málaga. Fue con estos últimos con los que se dio una situación crucial para las ediciones sucesivas.

Yo ya había tenido, muchos años antes, un ejemplo de la perspectiva que ofrece la distancia, sea temporal o espacial, que sirve de ayuda para valorar las cosas en su justa medida. Fue en un ámbito absolutamente diferente, cuando, en el año 2001, asistí a un partido Roma-Real Madrid de Copa de Europa en el estadio olímpico de la capital trasalpina. Los aficionados romanistas que se sentaban a mi alrededor en la grada no me trataban con aspereza, sino todo lo contrario; desplegando la típica grandilocuencia italiana, me decían emocionados: «Hoy jugamos contra la historia del fútbol». Hasta ese día (que, por cierto, fue el mismo del atentado de las Torres

Gemelas) no comprendí la dimensión universal del que era mi equipo de toda la vida.

Aplicándolo a lo que nos incumbe, recuerdo que en aquel noviembre de 2015, preparando el punto de información, comenté a una persona del Departamento de *Marketing* del Thyssen de Málaga que pensaba dedicar una semana al evento en cuestión. Me respondió que ella, considerando «el tirón» del pintor, le dedicaría, «por lo menos, un mes». Fue un punto de inflexión. Otro de esos momentos en los que nos damos cuenta del pecado de no valorar lo propio. Lo decía Lourdes Moreno, directora del propio museo malagueño, precisamente en un artículo sobre Julio Romero: «Muchas veces la visión foránea otorga perspectiva a la interpretación del transcurrir de los acontecimientos».

No es la única experiencia de este tipo que he tenido en torno a Romero de Torres. Por ejemplo, en 2019 se organizó en la valenciana sede de Fundación Bancaja una gran muestra sobre su obra. Allí recibí una calurosa atención por parte del Área de Presidencia (la cual aprovecho para agradecer) y tuvieron la cortesía de que me acompañase una guía, Begoña, con la que el recorrido explicado se convirtió en una interesante conversación e intercambio de impresiones sobre el pintor. De reojo, observaba al público valenciano y sus reacciones, comprobando la fascinación que despiertan los lienzos de Julio allá donde van.

Pero, volviendo a las celebraciones de las efemérides, tengo que decir que hice caso al consejo que me llegó desde el Thyssen en 2015, y al año siguiente la agenda de actividades se extendió a todo el mes de noviembre, abarcando así también el día 23 (el 23 de noviembre de 1931 se inauguró el museo del artista). Y, si bien su nombre «oficial» sería «Érase una vez Julio Romero de Torres», empezó a tomar el sobrenombre de «El mes de Julio Romero de Torres».

Ese 2016 tuvimos las incorporaciones de la Facultad de Filosofía y Letras de la Universidad de Córdoba, del Ayuntamiento de Montilla, del colectivo de dibujantes e ilustradores Urban Sketchers Córdoba, así como PTV Córdoba, con quien realizamos cuatro minidocumentales para los que entrevisté a José María Palencia, Juan Bautista Carpio (director de Fundación PRASA), Leopoldo Izquierdo (director del Palacio de Viana) y María del Mar Ibáñez.

María del Mar Ibáñez es la responsable de la organización y descripción del archivo, hemeroteca y biblioteca del pintor del Ayuntamiento de Córdoba, así como del archivo de la familia Romero de Torres de la Junta de Andalucía. Fue entonces cuando descubrí este último fondo en el que, años después, me he sumergido para este libro con el asesoramiento de la propia María del Mar.

En noviembre de 2017, gran parte de la atención se centró en *La Saeta*, que cumplía un siglo, y, en general, en la sala Tesoros Cajasur del Palacio de Viana, que en ese momento empecé a frecuentar y mostrar al público. Como evento, debemos destacar especialmente la tertulia en torno al mencionado lienzo que tuve el honor de moderar en el propio palacio y en la que participaron Mercedes Valverde, Leopoldo Izquierdo, Jesús Cabrera y la pintora María José Ruiz.

Además, desde ese año aumentaron considerablemente las visitas al Museo Julio Romero de Torres dentro del programa de actividades, y en ellas he tenido el honor de guiar, por ejemplo, a alumnos del grado de Gestión

Cultural de la Universidad de Córdoba o a varios guías oficiales de turismo.

En 2018, también hubo un protagonista: la película sobre el pintor realizada en 1940, que se proyectó en la Filmoteca de Andalucía acompañada de la impecable y mágica locución de Gonzalo J. Herreros y aderezada por una mesa redonda en la que intervinieron José María Palencia, María del Mar Ibáñez y Ramón Benítez. La idea fue de María del Mar y supuso la participación, por primera vez, de la Junta de Andalucía.

Y no quiero olvidar la charla-coloquio que celebramos en Montilla con la presencia de los historiadores Juan José Primo Jurado y Ángel María Ruiz Gálvez, así como del periodista Francisco Solano Márquez Cruz. El tema central fue el monumento al Gran Capitán que Julio incluyó en *Poema de Córdoba* y sobre el que nos extenderemos en este libro.

Se convirtió en costumbre que, tras la conmemoración otoñal, mi agradecimiento a los participantes fuera obsequiarlos con dulces (perrunas) de Santa Eufemia, el pueblo de mi padre. A raíz de ello, mi visita con el regalo justo antes de Navidad se ha convertido en todo un clásico para algunas de las entidades culturales mencionadas.

Una curiosa anécdota al respecto sucedió con Mercedes Valverde. Cuando llevé la caja de dulces a ella y a sus compañeros de la Unidad de Museos del Ayuntamiento de Córdoba por primera vez, me enteré de que no toma azúcar. Aun así, correcta como siempre, cogió una perruna para probarla. Pero, al final, con discreción y murmurando entre dientes lo buenas que estaban, se comió más de una…

El agradecimiento a Mercedes es, junto con Fundación PRASA y Fundación Cajasur, uno de los principales que debo hacer en lo que a estos noviembres se refiere. En el caso de ella, se debe a que, si bien la Delegación de Cultura del Ayuntamiento de Córdoba solo ha participado oficialmente en una edición (frente a la de Turismo, que lo ha hecho en dos; el Ayuntamiento de Montilla, que lo ha hecho en tres, o Diputación de Córdoba, que lo ha hecho en cuatro), Mercedes Valverde ha colaborado, digamos, a título «personal» en la mayoría de las ediciones. Concretamente, en cuatro actividades en los cinco años, amén de dar la bendición a algún otro evento al que no pudo asistir.

A raíz de todas aquellas experiencias, que yo apenas busqué pero sin duda disfruté y en las que aproveché para aprender, han ocurrido otras maravillosas cosas que tampoco han partido de mí; por ejemplo, el hecho de que medios de comunicación, televisivos y radiofónicos, tanto autonómicos como nacionales, hayan contactado conmigo para abordar el universo de Julio Romero de Torres.

Por otro lado, no puedo olvidar mi bagaje como divulgador por escrito. Y, en este sentido, debo retrotraerme a cuando era todavía apenas un adolescente y David Corral, por entonces director de la famosa revista *GEO*, me insistía en que, me dedicara a lo que me dedicara profesionalmente, nunca abandonara el hábito de escribir. Siempre he tenido presente aquel consejo, y es especialmente culpable de mi columna «PaTEOs por Córdoba» en el periódico digital *La Voz de Córdoba.*

Los PaTEOs son una mezcla de inquietudes, anécdotas, experiencias profesionales y cultura cordobesa de la que resulta una especie de literatura de viajes centrada en mi propia ciudad. Su nombre juega con la más conocida obra que se ha escrito sobre la misma: *Paseos por Córdoba.*

Y, aunque no puedo gestarlos con la frecuencia que desearía, me mantienen atado a la escritura como esas correas extensibles de los perros o el sedal que el pescador «da» al pez para cansarlo: me permiten alejarme de ella, pero no demasiado.

Tanto dicha continuidad escribiendo como la experiencia acumulada divulgando a Julio Romero de Torres cristalizaron mágicamente en el verano de 2019 al encontrarme por la calle a dos editores de Almuzara que me propusieron este proyecto. Aprovechábamos, además, que, meses después, se cumpliría el noventa aniversario del fallecimiento del maestro (1930) y los cien de que Córdoba le dedicase una calle (1920). De forma que ese otoño no lo pasé organizando un evento que pusiera en valor su obra, sino investigando acerca de él, especialmente en el Archivo Histórico Provincial de Córdoba, donde se encuentra el mencionado fondo de la familia Romero de Torres.

Pero hacer una biografía sobre este artista no resulta fácil. A la información que Mercedes señalaba como perdida tenemos que añadir las variopintas informaciones sobre su personalidad. Él mismo, como me señala a menudo María del Mar, alimentaba la confusión con su «personaje», componiendo una historia, cuando menos, alterada; por ejemplo, cuando hablaba de haber pasado diez años de «vida bullanguera» que tienen difícil encaje en su trayectoria vital.

Algo similar ocurre con las declaraciones que realizó en una entrevista a *La Unión Ilustrada* en 1920:

> Estuve ocho años sin pintar. Había perdido la fe. Por entonces había un verdadero furor por el extranjero, todo lo que no fuera de España. Entonces se decía que lo

> mejor era del extranjero; que aquí no había artistas que valieran, ni Arte, ni nada... Yo estaba acobardado por esa idea, y cuando reuní unas pesetas, pues me fui a París, a Roma, a Viena... a ver eso que decían... Y me convencí de que por ahí fuera hay, como aquí, cosas buenas y cosas malas; y artistas buenos y otros que no saben ná... Y me dije entonces: «¡hála, a trabajar!». Y cuando vine me puse a pintar y presenté enseguida *Musa Gitana*.

Los hechos, *grosso modo*, son más o menos reales. Pero la interpretación de los mismos y la relación entre ellos son cuestionables. Sin ir más lejos, en la misma entrevista se hace referencia a una historia según la cual se habría escapado de casa, en la carretera se habría encontrado a un húngaro... y le habría ganado el oso jugando al tute.

En otra, de 1921, pide a una de sus modelos que no le cuente a nadie que mató a un gitano por ella. También sale a la palestra la cuestión de si había estado o no en la cárcel. Y admite que el único gran maestro que ha habido fue don Juan Tenorio. El periodista lo resume muy bien: Julio Romero de Torres «cuenta cosas que todas son mentira y que todas le han ocurrido a él».

Por tanto, sabemos con precisión cuál es su legado artístico. Pero ¿dónde termina el personaje y empieza la persona? La dificultad para responder a esta pregunta, además, va *in crescendo*, pues cada vez quedarán más lejos los testigos directos y tendremos que intentar desbrozar no a Julio, sino al mito de unos y la denostación de otros.

Para intentar salvar dicho escollo, hemos optado por una fórmula similar a la de los documentales televisivos que realizamos en 2016 con PTV Córdoba: iremos estrechando el círculo en torno al protagonista mediante cinco temas.

En primer lugar, su familia y el ambiente tanto físico como cultural en el que se crio y educó, destacando que fue en un patio cordobés. En segundo, la mujer, que se convierte en protagonista indiscutible de su obra, mientras que su esposa en concreto se mantiene en un papel secundario. En tercero, la ciudad: la Córdoba que vivió, la Córdoba que pintó, sus estancias en Madrid y el traslado definitivo a la capital. En cuarto lugar, su muerte, envuelta en sus últimas creaciones, y su funeral. Y, para terminar, la conquista del tiempo a través de su legado y su museo.

Así, ofreceremos al lector un molde aproximado con el que podrá conformar libremente la figura que más adecuada considere. Y hablo en plural («ofreceremos») porque es un libro, de una forma u otra, escrito por muchas personas: por todos los que han colaborado alguna vez en «El mes de Julio Romero»; por todos a los que he leído o escuchado algo acerca del pintor; por todos los amigos que me han ayudado. Yo he sido, simplemente, el aglutinador y espero que digno catalizador.

Escribir este libro de todos ha sido para mí un indescriptible viaje dentro de mi propia ciudad. Un viaje a recovecos del espacio y del tiempo que unen mágicamente el pasado y el presente. Un viaje como aquellos paseos en los que descubría Madrid o Roma hace veinte años. Porque los grandes viajes vitales son caminos para encontrarse a uno mismo, tal y como nos muestra la literatura, desde la mitología griega hasta grandes clásicos más modernos, como las obras de J. R. R. Tolkien.

Por eso, mientras Roma y Granada fueron el comienzo de mi periplo, el alma de Córdoba, manifestada a través de los cuadros de Julio Romero de Torres, fue poco a poco revelándose, siguiendo los ejemplos anteriores, como mi

Penélope, como mi Comarca. Como aquello inevitablemente propio a lo que debía volver.

En ese caso, quizá este libro no sea más que un regreso a casa.

Julio Romero de Torres. Museo de Bellas Artes de Córdoba. Colección Junta de Andalucía.

LIENZO 1
La familia

Especialmente dedicado a Juan Bautista Carpio, mi «maestro Yoda» en el mundo de los museos.

Rafael Romero Barros. Museo de Bellas Artes de Córdoba. Colección Junta de Andalucía.

«Ser de Córdoba es una de las pocas cosas importantes que se pueden ser en este mundo».
Antonio Gala

Todos los cuadros de Julio Romero tienen alma de patio cordobés. Todos transmiten el silencio de una Córdoba inmutable, una quietud que invita a la reflexión y las raíces profundas de una tradición arcana. Todos muestran la arquitectura abierta al exterior y la relación indisoluble entre el entorno y su protagonista, similar a la de un cuidador con sus macetas. Todos destilan la naturaleza primordial, sus contrarios y sus misterios. Todos respiran la sensualidad de una flor que, en su ciclo eterno, espera la muerte.

Todos o casi todos. Y no es casualidad. Porque Julio nació, creció y murió en un patio cordobés. Más aún: en dos patios.

Sus padres, el moguereño Rafael Romero Barros y la sevillana Rosario de Torres Delgado, se habían casado en el sagrario de la catedral hispalense en 1859. Recalaron en Córdoba, tierra de la que era originaria la familia de Rafael, en 1862 junto con su hijo de tres años, Eduardo. Ello se debió al nombramiento del cabeza de familia como conservador del Museo Provincial de Pinturas (semilla del actual Museo de Bellas Artes) cordobés, entidad creada con las principales obras expropiadas a la Iglesia por la desamortización comenzada en 1835. Y que, tras varios tumbos, finalmente se asentaba en el edificio que había sido Hospital de la Caridad de Nuestro Señor Jesucristo en la plaza del Potro.

Rosario de Torres Delgado. Museo de Bellas Artes de Córdoba. Colección Junta de Andalucía.

Además de recibir un sueldo de cuatro mil reales al año, a la familia se le cedió una vivienda contigua al museo, a la que se accedía desde el patio previo a este y que ocupaba la zona de servicios y granero del hospital. Concretamente, el museo está a la izquierda del patio, y la entrada a la casa de los Romero de Torres, al fondo a la derecha. Este llamado «patio grande» o «principal», distribuidor, que en la actualidad da acceso también al Museo Julio Romero de Torres y que es de sobra conocido, no debe confundirse con el patio o jardín «interior» (o «del director»), que era el familiar, se encuentra dentro de la vivienda en sí y habitualmente está cerrado al público.

Mercedes Valverde señala a menudo esa idea de que el Museo de Bellas Artes y sendos patios fueron el espacio de juegos de Eduardo y los siete hermanos que allí irían naciendo: Rafael, Carlos, Rosario, Enrique, Fernando, Julio y Angelita.

Aunque no tengo constancia de que fueran especialmente revoltosos, al considerar que seis de ellos vinieron al mundo en un margen de tan solo nueve años, me resulta inevitable fantasear con la algarabía de chiquillos corriendo y jugando en el patio interior bajo el llamado «ciprés de los poetas» o los cítricos, y siendo advertidos por su madre y las niñeras de no estropear las azucenas, los setos, las parras y las rosaledas que observamos en las antiguas fotografías.

A la imagen habría que ir añadiendo, con el paso de los años, las piezas arqueológicas de la colección familiar, que darían al espacio también el nombre de «jardín arqueológico». Aunque este patio ha sido muy transformado, cuando lo visito aún creo escuchar las risas de los jóvenes Romero de Torres, sus peleas infantiles y sus llantos, igual que resuena para siempre el griterío fantasmal en un colegio abandonado.

Puerta de la casa de los Romero de Torres en el patio principal.

Pero el área de actividad doméstica también incluía el espacio previo, es decir, el patio distribuidor que mencionamos en primer lugar. La hermana menor, Angelita, muchos años después, en su discurso de ingreso a la Real Academia de Córdoba, recordaba la advertencia de cuando era niña: «Hoy no se juega en el patio grande, porque hay Academia». Pues los académicos se reunían semanalmente en el edificio que hoy alberga el Museo Julio Romero de Torres, en el lado derecho de ese primer patio.

La anécdota es indicativa de que, en gran medida, todo el complejo era usado por la familia en una singular combinación de salvaguarda y usufructo del patrimonio público. Pero lo más sorprendente de esta situación es que sobrevivió a los innumerables cambios de régimen político que fueron sobreviniendo.

Tengamos en cuenta que Rafael y Rosario llegaron a la plaza del Potro cuando aún reinaba Isabel II. Tras la Revolución de 1868, vino el llamado Sexenio Democrático, que incluyó primero una etapa de transición, luego el breve reinado de Amadeo de Saboya y finalmente la aún más breve Primera República. A continuación, la Restauración borbónica, que, con la dictadura de Primo de Rivera, se extendería hasta la Segunda República, declarada en 1931. Este segundo intento republicano se alargó algo más que el primero, siendo sustituido por el régimen franquista. A su fin, se instauró la fórmula de la monarquía parlamentaria que hoy continúa y en la que no debemos olvidar las grandes alteraciones relativas a la gestión cultural derivadas de la creación de las comunidades autónomas.

Pues bien, tras todos esos acontecimientos y cambios político-sociales, ahí seguía la dinastía: María Romero de

Torres Pellicer, hija menor de Julio, habitó en la casa familiar hasta su fallecimiento en 1991. El linaje de sus abuelos se había convertido en un elemento patrimonial más del edificio.

Es lógico que hoy esa fórmula casi dinástica y aquella a veces no demasiado clara diferenciación de lo familiar y lo público nos llamen la atención. Pero no podemos caer en el extendido error de valorar el pasado con ojos y principios actuales. En las últimas décadas, las legislaciones y la mentalidad han cambiado mucho en estos aspectos, existiendo una conciencia más generalizada de protección del patrimonio histórico y una mejor separación entre la gestión de lo público y lo privado.

Vista general del patio principal.

Pero aquellos eran otros tiempos y desde el presente debemos celebrar la fortuna de que todo ese legado cayera bajo su responsabilidad. Pues Romero Barros se convirtió en uno de los grandes nombres de la activación cultural de la ciudad.

Sin ir más lejos, apenas tres años después de su llegada, jugaría un papel protagonista en la creación de la hoy desaparecida Escuela Provincial de Bellas Artes de Córdoba, que se instaló en parte de la planta baja del museo y sería el precedente de la posterior Escuela de Artes y Oficios. La importancia de esta institución radicaba en que los centros educativos que existían en toda la provincia se contaban con los dedos de una mano.

Patio interior (o jardín arqueológico) de la casa de los Romero de Torres.

Busto de Rafael Romero Barros en el patio principal.

La famosa obra *Paseos por Córdoba*, escrita por Teodomiro Ramírez de Arellano, que vio la luz en los años setenta de aquel siglo XIX, relata detalladamente el nacimiento de esta institución y el comienzo de su actividad en octubre de 1866 con enseñanzas «reducidas por entonces al dibujo elemental de figura». Menciona que el catedrático Rafael Romero Barros, en principio, ocupaba el cargo de secretario y que la matrícula del primer curso alcanzó la cifra de ciento treinta y cinco alumnos. El crecimiento de los mismos sería rápido, al ir superando cursos los de las primeras promociones, habiendo así que crear nuevos niveles y cátedras. Por ello, dice que, en el momento de publicarse la obra, eran nada menos que trescientos setenta y que había ya problemas de espacio.

Además, Rafael impulsaría en esos mismos años el nacimiento del Museo de Antigüedades (actual Museo Arqueológico), entidad que compartiría espacio y exposición con el Museo de Pinturas hasta 1917 y que, como las otras dos, terminaría encabezando.

Juan Bautista Carpio Dueñas, que durante muchos años estuvo vinculado al Museo Arqueológico, destaca la mentalidad adelantada a su tiempo que Rafael tenía, entendiendo un museo como algo más que una simple zona de exposición: «Una escuela, un centro de cultura y un centro que promocionaba el desarrollo».

La intensa labor de Rafael en esas tres instituciones culturales quedaría desde 1926 bien resumida en el propio patio, metros antes de la entrada al museo, donde un solemne busto de bronce presenta en su pedestal la siguiente inscripción:

> Rafael Romero Barros: A la memoria de este ilustre patricio, que, consagrándose por completo al fomento de la

> cultura artística en Córdoba, fundó su gloriosa Escuela Provincial de Bellas Artes, creó su Museo Arqueológico y enriqueció el de Pinturas, de los cuales centros establecidos en esta casa fue dignísimo director.

Según un documento de 1941 vinculado a la jubilación de Enrique Romero de Torres que se encuentra en los fondos del archivo familiar, este busto, «original del laureado escultor Juan Cristóbal» (amigo de la familia), fue «costeado por Enrique Romero de Torres y sus hermanos, todo lo cual ascendió a 3500 pesetas». Enrique era en aquel momento, como veremos más adelante, director del museo.

Ya vamos desvelando todas las facetas de Rafael Fernando Antonio de la Santísima Trinidad (así había sido bautizado el 31 de mayo de 1832 —nacido el día anterior— en la parroquia de Nuestra Señora de la Granada, la única que había en Moguer). Hijo de Rafael Romero (natural de Pozoblanco) y Antonia Barros (cordobesa), fue pintor, docente, arqueólogo, gestor cultural y un gran defensor del patrimonio histórico-artístico. En algunos documentos, por cierto, vemos que hay una cierta confusión con su segundo apellido, quizá por no ser muy habitual, y aparece como Ramos.

Se formó académica y artísticamente en Sevilla, a cuya provincia pertenecía entonces Moguer. No pretendo detallar la formación de quien no es nuestro protagonista, sino su padre, pero sí quiero señalar un par de curiosidades sobre él. En primer lugar, la descripción que de su físico se hace en unas calificaciones de la Universidad Literaria de Sevilla, correspondientes a 1844: «Natural de Moguer, de edad doce años, color moreno claro, ojos negros, pelo negro». Debemos tener en cuenta que la fotografía, disciplina de la que sus hijos serían unos apasionados, llevaba entonces poco tiempo existiendo.

Por otro lado, es digno de mención el hecho de que se movió en el círculo de los hermanos Bécquer, siendo este uno de los motivos de la influencia que tuvo del romanticismo andaluz. En él seguiría arraigado y apenas se dejó llevar por las nuevas tendencias de la segunda mitad del siglo XIX, tal y como resume acertadamente una de las cartelas de sus obras en el propio Museo de Bellas Artes: «Romero Barros se mantuvo al margen de los géneros del momento, quedando centrado en el paisaje, el retrato y, en menor medida, el bodegón».

No son pocos los cuadros de Rafael que se encuentran en el museo, pues muchos de ellos fueron cedidos por su familia para la sala dedicada a él. Encontramos escenas callejeras o costumbristas, los mencionados bodegones, paisajes y retratos, como el de su hija Rosario o los del conocido empresario cordobés José Sánchez Peña y su esposa. Así como (no podemos olvidarlo) el que del propio Rafael hizo Tomás Muñoz Lucena, quien, como Mateo Inurria, fuera alumno suyo en la Escuela de Bellas Artes.

Sin embargo, por encima de sus facetas docente y artística, y paralelamente a la museística, en su legado destaca un aspecto que quizá no se haya valorado: la defensa del patrimonio histórico y arqueológico. Siendo aquella, además, una época muy complicada en este sentido, pues tuvo que luchar contra las reformas urbanísticas de un progreso que, sostenido por una mentalidad muy diferente a la actual, eliminaba edificios monumentales y resquebrajaba sin piedad la ciudad histórica. De no haber sido por la labor de Rafael (y también la de su hijo Enrique, que luego comentaremos), la imagen de Córdoba hoy sería diferente.

De sus incontables estudios y acciones me detendré solo en uno, que ejemplifica tanto su incansable iniciativa como la amplia agenda de contactos que tenía dentro y fuera de la ciudad: el papel que jugó en el redescubrimiento y recuperación de la antigua sinagoga de Córdoba.

Como amante de la historia local, me emocionó tener entre mis manos las cartas que le envió desde Madrid el arqueólogo, epigrafista y filólogo Fidel Fita y Colomé durante el otoño de 1884. En la más extensa, indicaba a Romero Barros la traducción de las inscripciones de los muros de este templo y anticipaba que el análisis paleográfico y la combinación de los textos argüían «mayor antigüedad que sus similares de la Sinagoga del Tránsito [Toledo], labrada a mediados del siglo XIV».

También contrastaba con la del Tránsito la orientación del espacio, destacando que, en la toledana, el eje mayor de la planta «corre de oriente a poniente» y la entrada está al sur. Mientras que en la de Córdoba la entrada es «por el Oriente, y el eje mayor baja del Norte al Mediodía, conformándose el tipo arcaico de las casas de oración hebreas [...]». Y señala que estuvo orientada «como las mezquitas musulmanas».

Recordaba en otras que «en 1314 los hebreos de Córdoba se habían visto compelidos por la ley canónica a renovar su templo». Y precisaba la datación:

> La Academia agradecería y pagará un vaciado de la inscripción histórica, cuya fecha del año hebraico 5075 ó 1315 cristiano reconocen unánimes los rabinos de París [...]. Ya ve, pues, V. que me urge tener el vaciado [...] y publicarlo en el Boletín del 15 de Diciembre.

Le anunciaba en una de ellas sus planes de visita a Córdoba: «Espero podré llegarme ahí el martes de la semana próxima con el exprés que sale de aquí el lunes». Esta intención la confirmaba en el siguiente envío: «Definitivamente saldré el lunes próximo con el exprés, para quedarme ahí dos o tres días. Mucho le agradeceré a V. lo ponga en conocimiento del P. Molina (San Hipólito)». Teniendo esta misiva fecha de 22 de octubre, añadía esta posdata: «Mil felicitaciones por la fiesta de pasado mañana» (24 de octubre, día de San Rafael).

Romero Barros formó parte de un sinfín de entidades culturales, aglutinando numerosos cargos y reconocimientos: fue pintor de cámara honorífico y caballero de la Orden de Isabel la Católica; miembro de la Academia de las Tres Nobles Artes de San Fernando, de la Real Academia de la Historia y de la Sociedad Económica de Amigos del País de varias ciudades, y socio correspondiente en Córdoba de la Sociedad Artístico-Arqueológica de Barcelona. Obviando, por supuesto, su participación en instituciones locales como la Real Academia de Ciencias, Bellas Letras y Nobles Artes de Córdoba o el Ateneo Científico-Literario de Córdoba.

Mención aparte merecen sus inquietudes sociales. Formó parte de la Asociación de Obreros Cordobeses «La Caridad sin límites», que pretendía la formación de hijos de obreros y se decía constituida bajo el patronato de san José y la custodia de san Rafael, así como de la Asociación Internacional de Socorro a Enfermos «Los Hospitalarios».

Mi amigo David Martín, profesor de Historia del Arte en la Universidad de Granada, que realizó su tesis doctoral sobre jardinería y urbanismo masónicos, me comentó en una ocasión que tenía indicios de que Rafael Romero

Barros hubiera también formado parte de la francmasonería, dato apoyado por Ángel Pasamontes Lara, maestro masón de la cordobesa Logia Maimónides 173.

Precisamente desde aquellos años es cuando podemos hablar de masonería en Córdoba. Eran décadas en las que, como hemos venido observando, las inquietudes culturales y sociales de la ciudad se desperezaban sin timidez; además, la Constitución de 1869 facilitó el asociacionismo. Como bien señala el libro *La masonería en Córdoba*, de Francisco Moreno Gómez y Juan Ortiz Villalba, aun cuando hay indicios de presencia masónica en Córdoba con anterioridad, la fecha a tener en cuenta sería 1870, año en que se creó la Logia Patricia. Uno de sus cinco fundadores fue, por cierto, Nicolás Puzzini, que mencionaremos en otro apartado.

Al año siguiente nació la Estrella Flamígera, con un coqueto templo en la calle de la Paciencia n.º 9. Las otras logias de la ciudad que surgieron en el siglo XIX fueron la Estrella Meridional n.º 108 (fundada en 1874 y de una existencia tan fugaz que resultó coherente con su nombre), La Verdad (1884) y Espíritu Práctico (1885). En aquella década la masonería empezaba también a florecer en la provincia, disfrutando de una época de esplendor que se alargaría hasta 1895 y que incluyó el nacimiento de la Gran Logia Regional de Andalucía, con sede en Córdoba (1888).

Siempre surge una lógica cuestión: ¿fue también masón nuestro protagonista, Julio Romero de Torres? No tenemos nada que apunte a ello, pero, movido por esta curiosidad y amante del trabajo de campo, visité su museo acompañado por Ángel, quien pudo «arañar» algunos detalles. Por ejemplo, las tres naranjas idénticas que forman un perfecto triángulo sobre la cabeza del autorretrato de

Julio en *Nuestra Señora de Andalucía* (recordemos que tres puntos colocados en disposición triangular son un símbolo masónico).

O también la posición en escuadra de los pies de Socorro Miranda en *Flor de Santidad.* Quizá esta se deba a la influencia de Goya, pero es cierto que supone una postura forzada y diferente a la que habitualmente guardan los pies femeninos pintados por Julio (aunque no es excepcional). Ángel destacaba, además, que los zapatos incluyen unas perlas que son muy similares a grandes ojos, otro símbolo conocido.

Nuestra Señora de Andalucía (detalle).
Museo Julio Romero de Torres.

Debemos comentar asimismo un detalle que aparece en dos obras que no se encuentran en el museo del pintor y en las que el torero Rafael González Madrid, conocido como Machaquito, fue representado de forma idéntica: un retrato centrado en él (*Machaquito como apoteosis del toreo cordobés*, Museo de Bellas Artes) y *La consagración de la Copla* (colección particular), de la que hablaremos ampliamente más adelante. Se trata de la posición de las manos. Aunque al menos en *La consagración de la Copla* dicha posición podría justificarse como un modo de agarrar el capote (no así en el otro lienzo), Ángel aseguraba que no era algo casual y que el gesto se le antojaba claramente masónico. Matizaba, eso sí, que el modelo lo estaba realizando con la mano contraria.

Aun así, tanto en este caso como en el de *Flor de Santidad*, si esos guiños son ciertos, probablemente no harían ninguna referencia al pintor, sino a los respectivos modelos (o su padre, o marido, por ejemplo, en el caso de Socorro Miranda). Por lo que, más allá de la curiosa disposición de las tres naranjas que señalamos en *Nuestra Señora de Andalucía*, no tengo indicios que nos hagan pensar que Julio pudiera ser masón.

Retomamos el hilo familiar aprovechando el llamativo dato de que, en una lista de «masones en sueños» (personas que se iniciaron pero abandonaron la actividad) realizada por la Logia Patricia a finales de 1887 y comienzos de 1888, aparece un Eduardo Romero. No se precisa el segundo apellido, por lo que existe la posibilidad de que estuviéramos ante Eduardo Romero de Torres.

Resulta evidente que los hijos de Rafael y Rosario no crecieron en un clan cualquiera, en un lugar cualquiera, ni se educaron en un ambiente cualquiera. Solo hay que recordar la pléyade de entidades que se encontraban en el edificio del Hospital de la Caridad: los Museos de Pintura y Antigüedades, la Biblioteca Provincial, la Academia de Ciencias, Bellas Letras y Nobles Artes, el Conservatorio de Música, la Escuela de Maestras, la Sociedad Económica de Amigos del País o la Escuela Provincial de Bellas Artes.

La Consagración de la Copla (detalle).
Colección particular.

En el discurso de ingreso de Angelita a la Real Academia en 1945 que antes mencionamos, la más pequeña de los hermanos rememora cómo vivía y sentía cuando era niña las reuniones de dicha entidad, celebradas en el edificio del actual Museo Julio Romero de Torres (aquellas que le impedían jugar en el «patio grande»). La escena que describe como habitual, con ella embelesada ante la luz de los ventanales que resplandecían en la oscuridad del espacio, sentada en el escalón de la cancela de enfrente o paseándose silenciosamente por el patio, es digna de un sueño: «[...] llena de anhelo y de curiosidad, hubiera querido meterme por entre los hierros de aquellas ventanas, porque en mi cerebro de niña, creía que allí se estarían celebrando esas fiestas fantásticas que solamente se describen en los cuentos [...]».

En el mismo texto recuerda la costumbre de que, durante la Cuaresma, acudiera su maestro de violín, Ángel Villoslada, a tocar las *Siete palabras* de Haydn mientras ella lo acompañaba al piano para el disfrute de su Santa Madre (esta expresión, que los hermanos usaban para referirse a la venerada Rosario de Torres, se popularizaría y sería utilizada incluso por personas externas a la familia, al igual que ocurriría con los diminutivos Julito, Enriquito, Angelita, Rafalito...).

Llegado cierto momento de la mágica velada, Angelita dejó el piano para tocar, junto con su maestro, música española a dos violines. Creyendo estar solos, y por ello despreocupados de ocasionar molestias como las que se pretendían evitar en el episodio narrado anteriormente, habían dejado abierto un balcón que daba «al patio primero del museo», de forma que tocaban

> […] como toca el artista cuando no está sometido a un programa ni a la hora forzada de un concierto, sino como se toca cuando se quiere y se siente que es, cuando se llega a la máxima expresión en la música.

Ignoraban que la Academia celebraba esa noche una reunión extraordinaria, y los académicos, al terminarla, se agruparon bajo dicho balcón, «atraídos por el ambiente de aquella noche de primavera, perfumada y tibia, por la belleza del patio», sorprendiendo a los violinistas con nutridos aplausos cuando la música cesó. Angelita remataba la historia asegurando que, si hubiera sido concertista profesional, ninguna ovación le habría hecho tanta ilusión como aquella.

Rafael Romero Barros con sus hijos (Julio, arriba en el centro) y otros alumnos de la Escuela Provincial de Bellas Artes en el patio del museo durante el curso 1894-95. Museo de Bellas Artes de Córdoba. Colección Junta de Andalucía.

Tal fue el mágico entorno en el que los Romero de Torres crecieron y se educaron. Y tal fue la personalidad de Angelita, que mezclaba la sensibilidad, la elocuencia y, como ya ha visto el lector, la simpática adulación. Ello la convirtió en una maravillosa relaciones públicas; una «convincente intermediaria», en palabras de Fuensanta García. Más adelante nos centraremos en ella.

Se puede deducir que, en ese contexto, los ocho hermanos no tuvieron ningún impedimento familiar para dedicarse al arte y a las humanidades. Todo lo contrario. La propia Fuensanta, en su libro *Julio Romero de Torres*, lo resume así: «El entorno era propicio para que tanto en Julio como en sus hermanos se desarrollara desde muy pequeños una semilla que germinaría en diversos ámbitos, casi todos ellos ligados al mundo de las artes». Como dice Mircea Eliade en *Herreros y alquimistas*: «Si nada entorpece el proceso de gestación, todos los metales se convierten, con el paso del tiempo, en oro». Todo florece si no tiene obstáculos; es un principio básico de la potencialidad de las cosas.

Así, excepto Eduardo, que sería empleado de banca, y Rosario, que se centraría en el cuidado de la casa familiar, (volvemos al texto de Fuensanta) «los otros seis hermanos tendrán como eje de sus vidas la dedicación a la investigación, al Museo de Bellas Artes y al de Julio Romero de Torres, a la escultura, a la pintura y a la música».

Varios de ellos estudiarían en la propia Escuela de Bellas Artes, teniendo como profesor a su padre, incluido Julio, que fue alumno del conocido erudito Valeriano Rivera en el Instituto Góngora y comenzó sus estudios de dibujo y pintura en la Escuela de Bellas Artes a los diez años.

Y también los de solfeo, pues, como me recordaba Juan Miguel Moreno Calderón, catedrático de Piano del Conservatorio Superior de Música Rafael Orozco, en 1885 se crea en la Escuela Provincial de Bellas Artes una sección de Música que sería el origen de dicho conservatorio actual.

Otra entidad cultural cordobesa cuyo origen podemos vincular a Rafael Romero Barros, quien parece haber transformado en oro todo aquello que tocó, convirtiendo el Hospital de la Caridad en el caldo de cultivo de las instituciones que, con el paso del tiempo, protagonizarían la cultura local.

Rafael Romero Barros y Rosario de Torres Delgado junto a la madre de esta y los hijos del matrimonio (Julio, sentado a la izquierda) en el patio del museo. Museo de Bellas Artes de Córdoba. Colección Junta de Andalucía.

El escritor Ricardo de Montis, muy amigo de la familia Romero de Torres, realizaba en sus *Notas Cordobesas* una famosa descripción de la cotidianeidad de la Escuela Provincial de Bellas Artes. El texto se recoge, por ejemplo, en *La Córdoba de Julio Romero de Torres*, del historiador Juan José Primo Jurado. Con él nos resulta fácil entender cómo aquella actividad de Romero Barros, especialmente en lo que al Museo de Pinturas y la Escuela se refiere, fue una inyección de vida y autoestima a la efervescente Córdoba del siglo XIX.

Con la escuela dio un nuevo espacio a la juventud, como podemos comprobar en la descripción de Montis, quien detalla que, al atardecer, la plaza del Potro sufría una sorprendente reactivación gracias a la llegada «de una abigarrada multitud, alegre, bulliciosa, como toda agrupación en que domina el elemento joven, la cual aguardaba impaciente la hora de entrar en clase».

Parece que, fuera de la formalidad de las lecciones a la luz de los candiles de aceite, el ambiente debía ser bastante distendido y pícaro, con bromas «a González el modelo, a Morita el bedel», o traviesos episodios, como cuando al conserje, don Raimundo, le quitaron la peluca «valiéndose de un anzuelo pendiente de una hebra de seda que pasaba por un cáncamo colocado en el techo de la clase de Dibujo Lineal». Y nunca se descubrió al culpable…

Al salir, de nuevo formaban revuelo, iban al despacho del director a ver el esqueleto, y «no faltaban algunos que, burlándose del guardia municipal encargado de poner orden y evitar abusos en aquellos lugares, se encaramaran al potro de la fuente que da nombre a la plaza». U otras ocurrencias propias de la edad, como pararse «en la calle de la Feria, ante la casa de cierto vecino para darle las buenas noches, aplicándole un nombre que no era ciertamente el suyo y que, sin duda, le haría muy poca gracia».

También recuerda que, durante el día, los alumnos más aventajados iban al estudio «de Romero», que de esa forma también se convertía en clase:

> Y allí, en aquel templo del arte, cuyas paredes estaban cubiertas de admirables dibujos de los hermanos Romero de Torres, de maravillosos paisajes de su padre, de infinidad de bocetos y apuntes, se adiestraban en el manejo de los pinceles, bajo la dirección de Romero Barros, jóvenes artistas que, andando en el tiempo, habían de dar días de gloria a su ciudad natal.

Pero los hermanos Romero de Torres no solo recibieron la evidente influencia del cabeza de familia (a la postre, su maestro), sino que, además, en ocasiones colaborarán con él; especialmente, Rafael y Enrique. Por ejemplo, en el manuscrito inacabado *Córdoba monumental y artística* (1884) de Romero Barros, ilustrado por Rafael (hijo), que era un gran dibujante y acompañaba a menudo a su padre para tomar apuntes.

Se dice que este (Rafael, segundo de los hermanos, 1865-1898) era el mejor artista de la familia. De hecho, consiguió lo que Julio nunca lograría: becas de la Diputación para estudiar en Madrid y en Roma. Se centró en una pintura de historia y social, llegando a ser conocido como el Fortuny cordobés.

Su lienzo más representativo, *Los últimos sacramentos,* es de gran formato y se encuentra en el Museo de Bellas Artes, al igual que otro más pequeño pero que trata un tema muy interesante: el supuesto episodio en el que Cristóbal Colón, saliendo de misa en la catedral, habría conocido a su amante cordobesa, Beatriz Enríquez de Arana. Colón pasó varios años en Córdoba intentando convencer a los Reyes Católicos, que desde la ciudad califal dirigían la guerra de Granada, de que apoyasen su proyecto marítimo. El hijo que tuvo con Beatriz, Hernando Colón, que lo acompañaría en su último viaje a América, es uno de esos grandes personajes cordobeses tristemente olvidados en la ciudad.

Rafael Romero de Torres se convirtió en el modelo a seguir por Julio cuando murió su padre en 1895. Lógicamente, también entre los mismos hermanos las colaboraciones eran frecuentes y las influencias resultaban inevitables. Al punto de que, según recalca José María Palencia en un artículo de 2019, en aquellos años las obras de Rafael, Enrique y Julio en ocasiones llegan a tener un estilo difícilmente distinguible, y plantea la posibilidad de que tengamos algunas firmadas solo por el menor (Julio), pero que no hubieran sido realizadas únicamente por él.

Sin embargo, ese apadrinamiento duraría poco, pues Rafael, viudo de Remedios Alcayde, moriría en 1898 de tuberculosis, dejando una niña huérfana, Julia, que será cuidada en la casa familiar por su abuela y tíos. Algo similar ocurriría con Eduardo, el hermano mayor, que falleció en 1905 dejando igualmente en la casa a su viuda (Ana María Trigueros) y a sus hijos: Eduardo, Rosario y Carola. También la abuela materna, Rosario Delgado, había venido a vivir con ellos, como inmortalizó una famosa fotografía de toda la familia. Asimismo, Julio dejaría a su mujer e hijos en Córdoba al trasladarse a Madrid, y siempre sería la casa familiar su referencia, al punto de volver para morir en ella, como también había hecho Rafael. Debemos aprovechar para señalar la estadística de que solo cuatro de los ocho hermanos se casaron, y únicamente los tres mencionados (Eduardo, Rafael y Julio) tuvieron hijos.

María Teresa López, la modelo de *La chiquita piconera* y de tantas obras de los últimos años de Julio, que conoció a cinco de los hermanos Romero de Torres, recordaba la situación en una entrevista realizada muchos años más tarde. Cuando el pintor muere en 1930,

> [...] tenía las dos hijas, y el varón, y cuatro hermanos vivos [Rosario, Enrique, Fernando y Angelita]. Además, tres sobrinos de un hermano que no tenían padre ni madre [los de Eduardo], y tenía otra sobrina [Julia, la hija de Rafael] que tampoco tenía madre ni padre, que creo que también hubiera sido un gran pintor [Rafael] pero murió muy joven. Todos estaban allí viviendo.

Nada menos que doce personas, si incluimos a Julio. Aunque en otros momentos llegarían a ser más de una quincena.

Estos datos demuestran la potencia gravitatoria de aquella vivienda de la plaza del Potro que la familia habitaría durante tres generaciones. Hasta la ya mencionada muerte de la hija menor de Julio en 1991, casi ciento treinta años después de la llegada de sus abuelos Rafael y Rosario. Ríase, querido lector, de Úrsula, los José Arcadios, los Aurelianos y la casa de los Buendía en *Cien años de soledad*. Por la de los Romero de Torres pasaron las vidas de tres Rafaeles y cuatro Rosarios. En ella fue venerada la Santa Madre, que vivió treinta años tras el fallecimiento del esposo. No tenía laboratorio alquímico al que retirarse a descifrar pergaminos, pero sí un mágico estudio de pintura. Incluso hubo un inmortal, que no fue el gitano Melquíades, sino Julio, el gran pintor. La realidad, como es habitual, supera maravillosamente a la ficción.

Tampoco podía faltar en el clan un hijo que se alejara para disgusto de Rosario de Torres: nada menos que a Argentina marchó Carlos (tercero de los hermanos, dos años menor que Rafael). Era un buen escultor y llegó a tener algún cargo vinculado con la gestión cultural en Buenos Aires. Según me transmitió María del Mar Ibáñez, fuentes orales cuentan que, habiendo quizá fallecido, sus hermanos escribían cartas a la madre haciéndose pasar por él para ahorrarle el trance. No cambia mucho si aquello ocurrió realmente o no. El simple rumor de que pudiera haber sucedido es otro episodio digno de las calles de Macondo.

La familia Romero de Torres en 1899, habiendo ya fallecido el cabeza de familia, siempre en el rincón del patio del museo. Subida en la ventana, Angelita. De pie a la derecha, Julio. En el mismo plano, en el centro, Enrique. Archivo Fotográfico Cajasur.

La cuarta hermana era Rosario (1868-1949), sin relación conocida con el arte, pero que heredó la responsabilidad de su madre (fallecida en 1926 a la edad de ochenta y seis años) de gestionar la casa. Y debemos detenernos en Enrique (1872-1956), que fue el continuador de la labor de su padre. Pues, tras una etapa intentando abrirse camino en Madrid trabajando como ilustradores, Enrique y Julio vuelven a Córdoba por el fallecimiento de Romero Barros en 1895, y, desde el año siguiente, Enriquito lo sucederá en el museo.

A pesar de lograr sendas medallas de bronce en las Exposiciones Nacionales de Bellas Artes de 1901 y 1904, poco a poco irá abandonando la práctica artística para centrarse en la dirección de la entidad, en la arqueología y en la vida cultural de la ciudad. Será el mayor escudero y promotor de su inseparable hermano Julio, cuyo museo igualmente impulsará cuando este fallezca. María Teresa López también recordaba este cambio: «Don Enrique pintaba muy bien, lo que pasa es que luego le dio por eso de las excavaciones, la arqueología y todas esas cosas... Y ya dejó la pintura».

Diversos documentos del archivo familiar nos permiten reconstruir el orden de los acontecimientos que sobrevinieron: «Tomó dicho Sr. posesión [Enrique] del cargo de Director-Conservador del Museo Provincial de Bellas Artes de esta capital el 19 de febrero de 1896, y desde entonces, comenzó a laborar con gran entusiasmo y provecho en este centro [...]».

Si su padre había sido el gran propulsor del museo, Enrique fue el reformador y amplificador. Bajo su mandato se llevaron a cabo múltiples adquisiciones de obras de arte y diversas mejoras en el edificio, algunas de ellas costeadas por él mismo, continuando el solapamiento entre lo que era público y lo que era de quien ocupaba el cargo. Podemos tomar como ejemplo de este patrocinio el mencionado busto de su padre o los jardines del propio patio principal en el que se ubicaría este, que, en 1903, le costaron 500 pesetas. En las siempre sutiles palabras de Angelita, Enrique convertiría el lugar «en una tacita de plata».

Hasta que le llegase el turno al gran proyecto del museo de su hermano Julio, entre todas las transformaciones destaca, quizá, la que sería una de sus grandes obsesiones: la creación de una sección de Arte Moderno, que se ubicó en el espacio liberado al desaparecer la Escuela de Bellas Artes:

> Una vez refundida la antigua Escuela de Bellas Artes, de feliz memoria, que ocupaba parte de este edificio, en la de Artes y Oficios, quedó ahí solamente la Sección de Música, hoy Conservatorio, y el Sr. Romero de Torres [Enrique], instaló en las salas que aquel Centro ocupaba, una sección de Arte Moderno que se inauguró el día 10 de enero de 1904 [...].

También impulsó la sala dedicada a la obra de su padre, creada gracias a la donación familiar, en lo que se antoja como un precedente de la cesión de la obra de Julio. Y, finalmente, «por su jubilación voluntaria [en 1941] le sucedió en el cargo su sobrino Rafael Romero de Torres Pellicer, hijo de Julio, y ha procurado seguir la labor ya realizada por su abuelo y tío [...]». Aunque parece que Enrique, nombrado director honorario, seguiría llevando extraoficialmente la batuta de la institución hasta su fallecimiento en 1956.

Asimismo, prosiguió la lucha paterna en defensa del patrimonio cordobés. De hecho, uno de los ejemplos que utilizaremos será un caso continuador del de Romero Barros: una curiosidad sobre la recuperación y protección de la antigua sinagoga. Pues en el mismo archivo hay un interesante texto encabezando la copia de un artículo de prensa que Enrique había escrito en defensa de este monumento:

> Vibrante artículo, que Enrique Romero de Torres, escribe en el *Diario Córdoba*; del día 20 de noviembre de 1898, apelando a los Poderes públicos y personas influyentes, a fin de que se salvara la sinagoga judaica que estaba a punto de desplomarse.
>
> Este artículo que mereció una carta del Conde de Torres Cabrera, que también se copia y del que se hizo eco casi toda la prensa española y gran parte de periódicos extranjeros, armó tan gran revuelo, que a pesar de la penuria en que se desarrollaba entonces el país, pudo salvarse tan importante monumento, como consiguió el año anterior Enrique Romero de Torres también con los cuadros de Valdés Leal.

Otro de los elementos que Enrique contribuyó a poner en valor fue la famosa calleja de los Arquillos o de los Infantes de Lara, que nace en la calle Cabezas y que está indisolublemente relacionada con una famosa leyenda de origen medieval.

Tras diversas gestiones por su parte, en 1951 Ramón Menéndez Pidal estuvo en Córdoba y pronunció una conferencia sobre dicho relato. También visitó la Mezquita-Catedral, Medina Azahara y la antigua Casa de los marqueses del Carpio, «hoy mansión señorial de los señores de Herruzo», en palabras de la prensa local de la época. Y almorzó en la Arruzafa.

Pero lo más destacado fue lo que la misma prensa llamó el «acto inaugural de la histórica calleja, en su reapertura», que incluyó el descubrimiento de una inscripción con un texto redactado por el erudito:

Dos insignes historiadores cordobeses, Aben Hayan, Ambrosio de Morales, y un cantar de gesta castellano, nos dicen que en el año 974, en esta casa estuvo preso el señor de Salas Gonzalo Gustioz y que las cabezas de sus hijos, los siete infantes de Lara, muertos en los campos de Soria, fueron expuestas sobre estos arcos. Verdad y leyenda venerable de fama multisecular en toda España.

Calleja de los Arquillos.

También se conserva en el archivo un listado mecanografiado de cosas que hacer en un viaje a Madrid por parte del propio Enrique, en el que se incluye «visitar al Director de Bellas Artes». A continuación, en el documento se desgranan los asuntos que tratar con él, dándonos una idea de la cantidad de frentes abiertos en lo que a patrimonio se refiere en la Córdoba del momento en general y con Enriquito de por medio en particular.

Uno de esos asuntos es el «pabellón de las obras de Julio»; o sea, su primigenio museo, que era una sala del Museo de Bellas Artes y que nos permite ubicar este viaje en la primera mitad de los años 30. Otro es el proyecto de museo de la catedral, «para lo cual hay que adquirir una pequeña casa, para meter los enseres del Cabildo y aprovechar para Museo la que hoy existe, antigua Casa de las Comedias [...]». Añade algún otro asunto vinculado con la Mezquita-Catedral, como ampliar la sala donde se expone el tesoro o preparar nuevos espacios donde trasladar las oficinas «que hoy ocupan toda la nave norte de la mezquita, a fin de que este pueda descubrirse» (se refiere a la arquería del patio). Y también diversos temas, como los baños árabes «existentes en la calle de las Comedias» o «la mutilación de la Casa de las Campanas».

Solo quiero entresacar algo más: una idea muy en la línea de Romero Barros, por lo anticipado a su tiempo en lo que a regulación de gestión del patrimonio se refiere. Enrique tenía pensado pedir que un decreto obligase a todos los alcaldes a informar a los delegados provinciales de Bellas Artes «de cuanto aparezca en sus términos en excavaciones, para que estos sepan los objetos inventariados y puedan inventariarlos».

Quizá el lector vaya ahora entendiendo mejor mi

reflexión de páginas atrás, cuando hablaba de que debemos celebrar que la gestión del patrimonio cayera en manos de esta familia. Y me viene a la cabeza una curiosa nota de Angelita, tomada en su cuaderno de apuntes, en la que, ante la cita ajena que dice: «Las cosas bellas son tan indispensables al hombre como los artículos de primera necesidad», ella apostilla: «Esto se relaciona con la labor de Enrique para salvar las bellezas de Córdoba».

Por todo ello Enrique obtuvo diversos reconocimientos (como ser nombrado hijo predilecto de la ciudad en 1943) y además siempre se valoró su labor de fiel acompañante de Julio, como resultó evidente en el texto leído en Radio Nacional al morir en 1956, obra de José Prados López:

> En Córdoba, su ciudad, ha fallecido Enrique Romero de Torres, hermano de Julio el inmortal y tío del pintor Rafael Romero de Torres, hijo del maestro [...]. Fue el mejor amigo que Julio Romero tuvo, cuando este aireaba el nombre de España por el mundo entero, y su mejor admirador también. [...] Enrique Romero de Torres, durmiendo bajo la tierra cordobesa, junto al hermano que tanto amó, pensará, ya lejos su alma de esta economía, que cumplió un bello destino de cariño y arte.

Como curiosidad podemos comentar que se conserva el certificado que señala el motivo de su exención del servicio militar: «Flegmasía de laringe y una dilatación del anillo inguinal izquierdo acompañado de hernia». Pero debo admitir que lo que más me ha llamado la atención al indagar sobre Enrique ha sido el sinfín de fotos y postales de admiradoras y amigas destinadas a él que se conservan.

En las dedicatorias de las mismas, son continuas las expresiones como «Enrique de mi alma», «Enriquito mío» o «Enriquito de mi corazón». Otras son más desenfadadas, como «Al cachondo de Enriquito [...]», o más explícitas, al firmar como «La nenita que te quiere más que a su vida», o directamente como «Tu novia», o «A mi queridísimo Enrique de mi alma, su chiquilla que lo quiere con delirio».

Otra reza: «Como el original no puede ir a ver [¿...? Mancha de humedad] al Enrique mío, ahí va esta postal para decirte lo muchísimo que te quiere y no te olvida. Tu María» (desde Santander, pero la fecha no se aprecia). Mientras que, en una de 1943, otra señora afirma haber pasado junto a él la temporada más feliz de su vida.

También hubo alguna que intentaba ser discreta: «¿Qué le pasa al bueno de D. Enrique? Yo quiero saberlo», preguntaba, y firmaba: «Su más agradecida servidora. Elisa», añadiendo en una esquina: «Rompa la tarjeta para que no la vea nadie». Creo que Enrique no le hizo mucho caso, Elisa, y yo tampoco he ayudado en lo que a discreción se refiere... Le pido disculpas en nombre de ambos.

Una de mis favoritas es esta: «Como te prometí, amigo Enrique, te envío una foto "con el pelo sin soltar", si me ves alguno suelto, ¡te pago una *convidá*!». Añadiendo: «Mi afecto hacia ti es como el vino, que con los años "cría madre". Rosita Segura».

Y especialmente curiosa es la que reza: «A mi gran amigo Enrique, en recuerdo de un día de lluvia en Córdoba. Septiembre 1932» (pero a continuación está firmada en julio del año siguiente, por lo que suponemos que en septiembre de 1932 fue cuando tuvo lugar el inolvidable día de lluvia...). U otra que descubrí en una conferencia de María del Mar Ibáñez, en la que una mujer, tras compartir un décimo de lotería, le reprocha: «Tú has nacido para volver locas a las mujeres sólo con mirarlas, pero para que te toque la lotería no».

Debemos tener en cuenta el ambiente en que se movían los Romero de Torres y la efusividad del lenguaje epistolar de aquel tiempo, pues ambas cosas suavizan la primera impresión que nos causan muchas de estas frases. Aun así, no debe sorprendernos el furor que provocaba Enrique en el sexo opuesto. Si metemos en una coctelera que fue soltero toda su vida, su buena presencia, que era culto, con dotes artísticas y pertenecía a una familia conocida y bien considerada, tenemos como resultado un auténtico galán en la plaza del Potro.

Sin embargo, aparte de Julio, el personaje más fascinante de la dinastía quizá sea la ya varias veces mentada Angelita (el nombre aparecía así, en diminutivo, incluso en su tarjeta de visita). Fue la hija más pequeña de Rafael y Rosario, seis años menor que Julio. De hecho, exactamente seis años, ya que ambos nacieron un 9 de noviembre. Y falleció en 1975, siendo, con mucha diferencia, la última de los hermanos en hacerlo.

Sobre este asunto de las fechas de nacimiento podemos señalar otra anécdota: en su partida de bautismo queda claro que se bautiza con el nombre de María de los Ángeles Silveria Antonia Eduarda de la Santísima Trinidad un 10 de noviembre porque la niña «nació el día nueve a las seis de la tarde»; era el año 1880.

Para mi sorpresa, en un DNI de Angelita expedido en 1951, la fecha de nacimiento que figura es... 8 de diciembre de 1890. ¿Existe un grave error involuntario en alguno de los documentos o Angelita quiso presumir de haber nacido el día de la patrona de España, la Inmaculada Concepción, y, sobre todo, restarse años...? Es posible, de hecho, que no fuera la única hermana en hacer algo similar, pues parece que el coqueto de Enriquito igualmente se rejuveneció (no descarto, por cierto, que Julio también). Y quizá esta fuera la causa de un descuadre en cadena de las fechas de nacimiento de los hermanos que he encontrado en algunas publicaciones.

Sea como fuere, Angelita se convertiría en el elemento clave, la canalizadora del legado a través del siglo XX, la albacea de la memoria. Ella fue la embajadora, en el espacio y, sobre todo, en el tiempo, de la familia entera, incluidos los que ya no estaban. Culta y sensible (como demuestran los episodios narrados por ella misma), no solo asumirá parte de las relaciones públicas (ya dijimos que Fuensanta García se refiere a ella como «convincente intermediaria»), sino que será quien gestione la casa, al igual que ya habían hecho su madre y su hermana Rosario, y, tras ella misma, harían las hijas de Julio. Pues, como me señalaba María del Mar Ibáñez, al menos de puertas para dentro, el clan era un evidente matriarcado.

Plaza del Potro.

Angelita Romero de Torres. Museo de Bellas Artes de Córdoba. Colección Junta de Andalucía.

De ella también se conserva una correspondencia interminable. Normalmente, en las cartas y postales que recibió, como dirección se había indicado «Museo Provincial», «Museo de Bellas Artes» o «Museo Romero de Torres», en plaza del Potro n.º 1 o n.º 2. Pero es curioso que, en ocasiones, aparte de la ciudad, se había puesto simplemente «Museo». Con eso, ni siquiera era necesario señalar que se encontraban en la plaza del Potro. Pero en algunas dirigidas a los «Señores Romero de Torres» o simplemente «Romero de Torres» figuran otras direcciones, como calle San Fernando 98 o 134.

Además de las de carácter personal, como las afectuosas misivas que recibe de Carolilla (Carola, hija menor de su hermano Eduardo), las hay de las más variadas procedencias y personalidades: presidente de la Diputación Provincial de Córdoba, Museo del Prado, Antonio Jaén Morente, Museo Nacional y Excavaciones de Nápoles y Pompeya, inspector general de Museos Arqueológicos, etc. Habiendo desde incontables felicitaciones de onomásticas y de Navidad hasta gestiones relativas al Museo de Bellas Artes.

Resulta curiosa, por ejemplo, la carta que envía al alcalde Antonio Cruz Conde con fecha de 19 de enero de 1960 para hacerle unas observaciones sobre la calle que se había dedicado a Enrique. Se dirige a él como «Admirado alcalde y querido amigo» y le agradece el cambio de nombre: «[…] la antigua Travesía de la Ribera, hoy por tu bondad Enrique Romero de Torres (con la cual, cada día estoy más contenta, porque ha adquirido una alegría y belleza inusitadas) […]».

Tras destacar lo acertado de unos eucaliptos que se colocaron en la orilla izquierda del río para ocultar la visión del «barrio espantosamente horrible que allí existe y que era lo primero que se veía desde la calle de Enrique», le propone otras mejoras de la misma:

> Pues bien; en dicha calle hay unos pequeños baches y desperfectos que la afean, y que si se quitaran, quedaría preciosa y capaz de codearse en su sencillez con la Plaza del Potro, la más bonita de Córdoba, de la que es su continuación.

Pero el rasgo diferenciador de Angelita será su aportación a estas relaciones públicas de una gracia e incluso picardía sin parangón. Buena muestra es la carta que escribe a Kurt Sorensen, un par de meses después de la que acabamos de comentar, para agradecerle un retrato que le hizo, y en la que le confiesa lo siguiente:

> No tiene idea, de la alegría que me proporcionó su linda carta, escrita en correctísimo español, sin una falta, con una galanura de estilo y dicción tan perfecta, que para sí la quisieran muchos españoles que apenas saben escribir.

Calle Enrique Romero de Torres.

La adulación de Angelita solo acababa de empezar. Le dice que ha sacado de ella con la cámara de fotos más arte que Julio con los pinceles y le aconseja que

> […] deje a los libros y a los enfermos y se dedique a hacer estos milagros fotográficos, pues solamente con esta foto mía de propaganda, irán a V. todas las mujeres del mundo y lo ponen más rico de lo que es V., en menos de un año.

Rematando el asunto de esta zalamera forma: «Las cordobesitas que conoció en el "Córdoba Palace" tampoco olvidan a V. ¿Cuándo vieron ellas un muchacho tan guapo, fino y simpático como V.?… Seguramente están todavía con la boca abierta».

En un sentido similar se pronuncia en un determinado fragmento del discurso de ingreso a la Academia, en el que se refiere a varios miembros de la institución, entre ellos a «D. Francisco de Borja Pavón, tan gran latino como galanteador exquisito de la mujer». En el mismo también comenta, sin embargo, que, tras la muerte de su madre (1926), apenas salía de casa. Pero no deja de mostrar su humor al calificarse a sí misma de «locuaz y parlanchina, como buena ignorante».

Muestra la misma gracia y desenfado incluso registrando las cuentas. Varios ejemplos los tenemos en un cuaderno que refleja los movimientos en la cuenta corriente en Banca Pedro López que «estaba a nombre de mamá (q. e. p. d.)» y «pasa a nombre de Paca» (Francisca, la mujer de Julio). En una observación a las entradas y salidas de 1929, Angelita apuntó: «Ha enviado Julio contante y sonante ganado por él, con el sudorcito de su frente, desde 1º de enero a 21 de agosto: 65.061 pts.». Esta curiosidad la descubrí en una conferencia de María del Mar Ibáñez, y luego tuve la fortuna de encontrármela de forma inesperada en el archivo.

Igualmente, respecto a 1929, señala: «Compra de automóvil y primeros gastos de este: 12.200». Y, en 1927, hay otro curioso dato: «El día 2 de julio se sacan de esta cuenta 12.500 pts., o sea, la mitad de las 25.000 pts., que se piensan invertir en Deuda Ferroviaria Amortizable del Estado al 5 % [...]».

Lo registrado acerca de dicha cuenta corriente va desde finales de 1926 hasta enero de 1931, cuando, según figura en el mismo cuaderno, se utiliza para un depósito en la propia Banca Pedro López. Por tanto, coincide con los últimos años de vida de Julio, que muere en mayo de 1930. Quizá, de hecho, en 1926 se había puesto a nombre de Francisca porque así se facilitaban las operaciones con el dinero que Julio enviaba desde Madrid.

Se comprueba que los ingresos eran frecuentes y periódicos, e incluso aparecen pagos por sus obras. En abril de 1929, se reciben 19.400 pesetas por la *Virgen de los Faroles* y, en junio del mismo año, 18.000 por *Más allá del pecado.* En abril del siguiente, «ingresan las 10.000 pesetas del anticipo de los 4 cuadros vendidos en la "Casa de Córdoba" en Sevilla» (de la que hablaremos en el cuarto apartado). En agosto, con el pintor ya fallecido, «ingresan lo referente de [¿...?] del pobrecito Julio (que en paz descanse) que tenía en Madrid: 3250».

También hay una libreta de gastos extraordinarios donde aparecen, entre otros, los referidos al recuerdo de los fallecidos, especialmente Julio: mausoleo, lápida, cuidados de la tumba, fundición en bronce de su busto, misas dedicadas a él, etc. Destaca, el primer día de cada mes, el habitual reparto de la paga de «madre santa (q. e. p. d.) según costumbre». Y un curioso donativo feriante de mayo de 1932: «Regalito a los hombres de la casa por ser feria». Seguido de otro: «Ídem a las mujeres de la casa por lo mismo».

Incluso se conservan grandes cuadernos con los gastos que hacían en la plaza de abastos. Y el antes mencionado automóvil tendrá también el suyo propio, de 1929 a 1934, siendo el desembolso más común el que suponía llenar el depósito de veinte litros de gasolina. Pero, para mi gusto, hay otro maravilloso de febrero de 1936: «Sueldo del *chauffeur*: 200 ptas.». Sin embargo, por desgracia, en agosto del mismo año se apunta una idéntica cantidad con concepto «Sueldo del pobre Mariano (q. e. p. d.) dado por Paca a su viuda». Aparte, se indica que igualmente Paca da otras mil pesetas «a la viuda del pobre Mariano (q. e. p. d.)». Doy por hecho que el *chaufeur* falleció. Quizá por eso, en ese mismo mes, según figura, el coche fue regalado.

Al hilo del automóvil, me viene a la cabeza lo que señala Fuensanta García sobre el único hermano del que no hemos comentado nada aún, Fernando Romero de Torres (1873-1941): «Fue un eficiente colaborador de su padre y de su hermano Enrique en los trabajos del Museo [...]. De polifacética actividad, fue delineante, funcionario de Hacienda y aduanas» (trabajó en la aduana de Málaga). Respecto a sus incursiones en el arte, consta que, siendo muy joven, obtuvo un premio en un concurso de pintura del Ayuntamiento de Córdoba.

Anteriormente, he mencionado la cuestión del coche porque Fuensanta añade que

> [...] redactó con Fernando Martínez y Martínez unas *Disposiciones legales y reglamentarias para la circulación de vehículos de motor mecánico por las vías públicas de España y*

para la administración y cobranza de la patente nacional de circulación de automóviles, publicadas en Córdoba en 1928 y bastante conocidas.

Y me he encontrado con el detalle de que, en la nota al margen de su partida de bautismo, consta que, ya con cierta edad (en 1932), se casó en la iglesia de San Andrés con Matilde Ordóñez Barceras. Fue (quizá precisamente por la edad) el único hijo Romero de Torres que, habiendo contraído matrimonio, no tendría hijos.

Volviendo a Angelita, debemos destacar que uno de los elementos más vinculados a ella era el patio interior, que cuidó junto con su hermana Rosario hasta el fallecimiento de esta en 1949, como bien recordaba la correspondiente noticia necrológica de Radio Córdoba y Radio Linares: «[…] Angelita no tiene ya quien le ayude a cuidar el jardín lleno de encantos […]». Además, se recreaba en la tristeza de las flores por la irreparable pérdida de Rosario: «[…] y las flores estarán llorando, llorarán mucho, estarán llorando hasta la eternidad […]».

Margarita Nelken, amiga de la familia, comparaba la quietud transmitida por el jardín familiar con la del alma de las mujeres pintadas por Julio. Y también apuntaba que Angelita había hecho suyo el patio como el patio la había hecho igualmente suya a ella, sentenciando tal hecho con una frase que bien podría ser el resumen de todo este primer lienzo: «Después de la del padre que inició el rumbo de la dinastía, tres son las obras de los Romero de Torres: la pintura de Julio, el museo de Enrique, el patio de Angelita».

El espacio, como dijimos al comienzo, se fue embelleciendo con piezas arqueológicas que conformaron la colección familiar, lo que le valió el ser conocido como patio o jardín arqueológico. Otro escrito de Angelita, siempre en tono magnético, relata el devenir de la colección y puntualiza que se formó «[…] sobre la base de unos pocos objetos que dejó al morir mi padre D. Rafael Romero Barros, que fue director del museo ya citado y del Arqueológico cuando ambos centros dependían de las Comisiones Provinciales de Monumentos». Y que luego sería ampliada por Julio, su hijo Rafael y, muy especialmente, por Enrique (en el momento de escribirse el texto, Rafael era ya director del Museo de Bellas Artes, y Enrique, director honorario).

Señalaba la procedencia de cada una de estas piezas: en gran medida, de las colecciones de D. Victoriano Rivera, D. Amadeo Rodríguez, Sr. conde Torres Cabrera, D. Rafael Ramírez de Arellano y de algunos amigos suyos, como el R. P. D. Juan Bautista Moga, «el gran arqueólogo, que le regaló notables objetos visigodos». Y que, en total, contaba con unos ciento sesenta objetos, «pertenecientes a las épocas prehistórica, prerromana, romana, visigoda, árabe, mozárabe, mudéjar y moderna».

Y, tras describir las piezas, termina volviendo a deleitar con su sensibilidad:

> Estas piedras pretéritas que tanto hablan a los que saben contemplarlas son para mí estimables porque me traen recuerdos íntimos que no cambiaría por lo más grande de esta vida. A la admiración que siento por todo lo que es Arte, se une mi cariño hacia ellas, y como creo que viven, las acaricio, las mimo y las rodeo de flores. En primavera, cubren las rosas el pecho de las matronas romanas, coronan la frente de algún Emperador o bordean la lápida de algún cristiano de hace diez o doce siglos, como acaso lo hicieron sus familiares.
>
> Los objetos aquí no están agrupados por épocas con la frialdad que lo hace el sabio; sino donde hacen mejor, que

> es el sitio en que yo creo que están más a gusto; los capiteles sobre columnas, presentan la visión de unas ideales ruinas; la virgen de piedra está colocada sobre una fuente, que bajo sus divinas plantas se trueca en fuente de paz… y el que este conjunto lo ve por vez primera, no sabe si se halla ante las ruinas de una villa romana, si en el rincón de un bello y riente jardín árabe exuberante de color y de perfume o en el recatado patio de un convento de clausura lleno de poética melancolía, donde un ciprés está señalando el verdadero camino que debemos buscar… Y si la fina sensibilidad de un peregrino del Arte, lo adentra en el misterioso ambiente del recinto, y aprendió la forma de interrogar a las piedras venerandas, estas le hablarán con su lenguaje expresivo, del pasado glorioso de nuestra España.

La reflexión de Angelita me recuerda no solo a la idea de jardín romántico, sino también al concepto de «museo de la memoria» al estilo del granadino carmen de la Fundación Rodríguez-Acosta; un conjunto, por cierto, inspirado en su vecina Alhambra, en el proyecto de cementerio ideal de Teodoro Anasagasti y en la fascinante serie de cuadros *La isla de los muertos*, del simbolista Arnold Böklin. O a la villa del emperador Adriano en Tívoli, cerca de Roma, que tenía un espacio diseñado como microcosmos. Y es que, si todo jardín resume el universo, la colección arqueológica añadía al de los Romero de Torres una dimensión temporal (o, mejor dicho, atemporal) que lo hacía eterno.

Sea como fuere, llegados a este punto, el lector ya se habrá convertido en admirador de la labor incansable de Rafael Romero Barros y estará enamorado de Enrique o Angelita (o de ambos). No debemos olvidar, sin embargo, que el protagonista es Julio, y su familia nos interesa respecto a él. Al igual que los propios patios. Tanto el «patio grande», distribuidor, como «el interior», donde se encontraba la colección arqueológica. Mi amigo Jesús Cabrera, periodista y uno de los mejores conocedores de la Córdoba del siglo XX, lo resumía así: «Julio Romero de Torres es quien es por ser hijo de quien es, hermano de quien es, haber nacido donde nació, haber vivido donde vivió». Y lo dijo, precisamente, en un patio típico cordobés.

Ocurrió dentro del programa de actividades que impulsé en noviembre de 2014 para conmemorar los ciento cuarenta años del nacimiento de nuestro protagonista. En él abordamos el tema de los patios que aparecen en sus cuadros mediante una preciosa tertulia radiofónica celebrada en el patio de la calle San Basilio n.º 44 (antiguo n.º 50), sede de la Asociación de Amigos de los Patios Cordobeses. Moderada por el periodista José María Martín, en ella participaron el mencionado Jesús Cabrera y Mercedes Valverde, así como Miguel Ángel Roldán, presidente de la asociación, que ejerció como anfitrión.

Mucha gente se preguntará cuál es esa presencia de patios cordobeses en las obras del pintor. Y es lógico si consideramos su más conocida estética. Sin embargo, debemos recordar que Julio, en su etapa de juvenil experimentación, partiendo de las influencias de su padre y su hermano Rafael, flirteó con los más diversos estilos artísticos del momento, llegando a realizar obras tan variopintas que a menudo nos sorprendemos al descubrir que son suyas.

Quizá el ejemplo más extremo (y todavía poco conocido, a pesar de que fue el eje de una exposición celebrada en 2013 en el Museo de Bellas Artes de Córdoba) son sus *Geishas en quimono* y *Geishas en el baño*, que debió realizar a finales del siglo XIX para el Casino Militar, ubicado en el Palacio de los marqueses del Boil. Parece que las llevó a cabo junto con

Enrique; sin embargo, solo una de las dos tablas está firmada, y es exclusivamente por Julio. Estaríamos, pues, ante uno de los casos a los que se refería José María Palencia.

Geishas en quimono. Colección particular.

Pero lo que nos interesa en este discurso es que, desde poco antes de 1900 y hasta 1905, realiza un grupo que podríamos calificar de «luminista» y que en algunas ocasiones se inclina hacia la pincelada suelta del impresionismo (por lo que hay quien ve incluso «sorollismo»).

No sería descabellado retrotraer el punto de partida de este conjunto de obras hasta *La huerta de Morales*, pintado en su adolescencia. Pero arrancaremos de 1898, cuando realiza, igualmente con Enrique, *Rosas en la balconada*, de evidente influencia paterna y destinada al techo de la barbería del Real Círculo de la Amistad de Córdoba (de ahí su singular perspectiva).

En la factura de los trabajos de restauración de este lienzo, realizados años después por el propio Enrique, no solo se destaca la dificultad de separarlo del techo y volver a colocarlo, sino que se describe la inconfundible imagen como «tres muchachas sentadas sobre elegante balaustrada de piedra de una azotea rodeada de flores y enredaderas», y se señala que, llegado aquel momento, «apenas se distinguía por la acción de la humedad y del humo».

En esa misma línea de composiciones situadas en exteriores o semiexteriores, Julio llevó a cabo *Feria de Córdoba*, primero conocida como *Alegrías* (título que actualmente se emplea para referirse a una obra posterior). Representa una escena desarrollada en una de las casetas de los jardines de la Victoria, antiguo emplazamiento del evento en cuestión.

También hay algunos ejemplos fruto del viaje realizado junto con Enrique y unos amigos a Marruecos en el verano de 1903. Se alojaron en Tánger, en la fonda La Andaluza, como bien dejaba claro Julio en las postales enviadas a su «queridísima madre». En una de ellas, destaca que sigue «perfectamente y pintando mucho». Resultado de esa actividad fueron varios apuntes al óleo sobre tabla o lienzo, como *La morita* o *Mercado árabe*, que nos trasladan a la intensa luz y colorido del norte de África y siguen mostrándonos a un artista inquieto en plena experimentación.

Sin embargo, las más interesantes de ese grupo de obras luministas no son del todo exteriores, sino que se ubican dentro de un patio o jardín, habitualmente el de su propia casa familiar: *Pereza andaluza, Joven con sombrilla, La siesta, Mujer asomada a la puerta del jardín, Bendición Sánchez, Rosarillo,* o *Esperando* y *Mal de amores* (sendos estudios sobre las tres edades de la mujer, tema que los imbrica también en otra serie de obras que comentaremos en el bloque siguiente).

Pasillo de acceso desde la casa familiar hasta el patio interior.

En la mayoría de ellas, el autor aprovechó el pasillo de acceso al jardín interior, cuyo contraluz proporcionaba el juego de luces y sombras óptimo para transmitir determinadas sensaciones de quietud y melancolía coherentes con las expresiones faciales plasmadas. Debemos remarcar este esquema (el de espacios abiertos a un fondo en el que reina la calma) porque será muy frecuente en la pintura de Julio a partir de ese momento.

Pereza andaluza. Museo de Bellas Artes de Córdoba.

En unas composiciones dicho patrón resultará evidente, mientras que en otras puede pasar desapercibido, ya que «empuja» (saca) la escena al exterior, quedando el espectador en el interior, detalle que solo puede diferenciarse por algún tipo de elemento que enmarca el conjunto, como columnillas o quicios en los extremos laterales de la imagen. De ahí florecería, además, algo que ya se ve en algunas de estas obras: la obsesión por el motivo de la mujer apoyada en un quicio para encarnar la nostalgia o el desamor, que será otro recurso recurrente en su etapa de madurez artística.

Pero la melancolía y el sosiego no son los únicos universos a los que puede trasladarnos un patio y su reflejo en el arte. Ya decía Valle-Inclán, gran amigo de Julio, en *La lám-*

para maravillosa (su esotérico tratado sobre mística, filosofía y estética), que «en todas las cosas duerme un poder de evocaciones eróticas», y un patio, evidentemente, tampoco escapa a él. En el mismo sentido, Federico García Lorca escribió en su *Prosa inédita de juventud* que «un jardín es un sagrario de pasiones y una grandiosa catedral para los bellísimos pecados [...]», y los describía llenos «de lujurias escondidas» o «visiones desnudas», encerrando «toda una vida de pasión y abandono al destino [...]».

Acercándonos al caso concreto de la pintura de aquel tiempo, José María Palencia hacía referencia en 1994 a la sensualidad que podía relacionarse con estos lugares: «El modernismo tendió a concebir y describir los jardines como espacios cerrados de naturaleza viva que invitaban a la intimidad, de ahí el conjunto de sus derivaciones subjetivas y sensualistas».

Pero, si en estas obras tempranas del pintor el erotismo resulta sutil por estar contenido y se insinúa a través de la naturaleza exuberante y lo solitario del entorno, se muestra por el contrario explícito en un lienzo muy posterior y de estética diferente, pero que está igualmente ubicado en un patio: la famosa *Naranjas y limones*.

A ella, entre otras, se refería Fuensanta García cuando señalaba que, en los últimos años de producción de Julio, sería común la «representación de distintas frutas como reflejo de la explosión de la vida y del amor», aludiendo así a la fertilidad. Y a una idea similar hace referencia el poema de Manuel Machado sobre las mujeres pintadas por el cordobés: «[...] Naranjos, limoneros, jardines, olivares / lujuria de la tierra, divina y sensual [...]».

Naranjas y limones. Museo Julio Romero de Torres.

Con *Naranjas y limones*, por cierto, me viene inevitablemente a la cabeza una referencia que hace Angelita en el texto sobre la colección arqueológica. Pues afirma que esta «[...] fue ampliándose por mi llorado hermano Julio, que en no pocos de sus cuadros, pintó capiteles y objetos arqueológicos».

Pero el espacio del jardín y el sol que lo deslumbra son apropiados ambientes no solo para intensas sensaciones y evocaciones, sino también para revelaciones. El propio Valle-Inclán contaba en *La lámpara maravillosa* que, siendo niño, había conocido a una santa a la que llama su Madrina. Ello ocurrió, casualmente, en un huerto de rosales, flor muy presente en el patio de los Romero de Torres. Y afirmaba que aquella «tarde azul en el huerto de rosales fue el momento de una iniciación donde todas las cosas me dijeron su eternidad mística y bella».

Igualmente reflexionaba sobre la trascendencia de la luz. Pero, para ilustrar el paso que en aquella etapa estaba dando el pintor y que lo llevaba desde el destello impresionista hasta el contraluz metafísico, prefiero referirme a un episodio de la mencionada novela *Cien años de soledad.* En ella se dice que el joven Aureliano ve por primera vez el fantasma del gitano Melquíades «un mediodía ardiente», y esa luz, tan fuerte que parecía abrir una puerta entre dos mundos o dimensiones, provocaba que el fantasma fuese, un poco cada jornada, «esfumándose con la claridad radiante del mediodía».

También decía que aquella imagen era como «la materialización de un recuerdo que estaba en su memoria desde mucho antes de nacer». Esta es otra sensación (la de las evocaciones de cosas que están más allá de lo que hemos experimentado) que podríamos vincular con la quietud del patio y que irá ganando relevancia en las obras de Julio. Y que, por cierto, Azorín atribuiría precisamente a Córdoba, ciudad en la que, según sus palabras, «sentimos añoranzas de cosas que no hemos conocido nunca».

El hecho de que todas estas referencias sean tan útiles para verbalizar el espíritu de la pintura de Romero de Torres demuestra que también estamos ya ante la que será una de sus grandes características: la vinculación con la literatura, algo común en el simbolismo y alimentado por el hecho de que el maestro en Madrid se movía más en círculos de escritores que de artistas plásticos. De ella incluso tomó algunos títulos: por ejemplo, *Sonata de primavera*, de Valle-Inclán, estaba protagonizada por María Rosario, que probablemente daría nombre al lienzo *Rosarillo*, al igual que *Pereza andaluza* es el nombre de un capítulo de *Tierra andaluza*, de Francisco Villaespesa.

También fue común que ilustrase libros, sobre todo de amigos suyos, como su cuñado Julio Pellicer, José María Carretero (el Caballero Audaz), Francisco Villaespesa, e incluso Manuel Machado o Valle-Inclán. La imagen de la portada de *A la sombra de la Mezquita*, de Julio Pellicer, fue uno de los primeros ejemplos de mujer con pose y mirada «juliorromerianas». Y se dio el caso de que ilustraciones que hizo para poemas en diferentes publicaciones acabasen dándole el modelo para obras mayores, como ocurriría con la joven difunta de *Mira qué bonita era.*

Podemos observar que en estas obras pinta ya únicamente mujeres. Sobre todo, quizá por no poder pagar modelos en aquel momento, a las mujeres que tenía más cerca. En la tertulia radiofónica, Mercedes Valverde señaló que se puede considerar en ese momento «un pintor doméstico», que lleva al lienzo a su familia y al servicio.

No debemos infravalorar la relevancia de las mujeres que trabajaban en la casa familiar de los Romero de Torres. De hecho, existe un documento, aunque seguramente posterior a la muerte de Julio, en el que se indican las instrucciones que debían seguir las mujeres del servicio y que nos ayuda a continuar sumergiéndonos en el espíritu de aquella familia.

Comienza así: «La de cuerpo de casa encenderá la candela y pondrá el café, hervirá la leche, durante la estancia en la plaza de la cocinera». Y, a continuación, señala las obligaciones de la cocinera, entre las que están la mencionada de hacer la compra en la plaza: «Se le dará por la noche el dinero para la leche y la carne del puchero, así como lo que haga falta de cosas primordiales y diarias, que la mujer se traerá de camino que viene a la casa», porque ella no vivirá allí:

> Mientras la casa no esté encajada, puede dormir en su casa todas las noches, y si las cenas duraran más tiempo de las 10 y media y once de la noche, se irá a estas horas, quedando las Sras. en seguir dando la comida.

Después se extiende sobre la limpieza y la lavandería, precisando, entre otras cosas: «A excepción de los días en que se haga sábado en los cuartos de dormir, esta limpieza y cuidado lo tendrán las Sras., sólo ayudándole la sirvienta en fregar y barrer etc., etc.», detallando también los días de descanso: «Un domingo saldrá una y otro la otra. Si lo necesitaran, saldrán durante la semana, pero siempre que quede una para abrir la puerta y tomar recados».

En Córdoba, muchas de esas tareas domésticas se realizaban tradicionalmente en los patios, como resumía en la tertulia la propia Mercedes Valverde: «En el patio se cosía, en el patio se planchaba, en el patio se guisaba». Y Jesús Cabrera apuntaba que «el patio era la cotidianeidad». Miguel Ángel Roldán, por su parte, destacaba que, si el primer concurso de patios de Córdoba fue en 1921, dos décadas antes Julio ya estaba de alguna forma poniendo en valor aquella forma de vida.

Horas de angustia. Museo Julio Romero de Torres.

Mercedes Valverde también reflexionó sobre la nostalgia con la que, a su modo de ver, el artista representaba Córdoba cuando se encontraba en Madrid, y Jesús Cabrera, volviendo a las sensaciones ofrecidas por el espacio doméstico, le respondió sentenciando que se trataba de «una nostalgia aprendida en un patio». Esa idea resonó profundamente en mi interior, como ecos de lejanas siestas veraniegas en torno a un patio con el único posible sonido de las cigarras.

En una observación en la misma línea que la de Jesús Cabrera, Antonio Gala, tan vinculado a Córdoba, habría dicho que la poesía es la nostalgia de lo que todavía se tiene; preciosa reflexión que, en este caso, podemos extender a la pintura. Efectivamente, la atemporalidad, quietud y cariz nostálgico, que serán algunas de las grandes características de la obra de Julio, emergen en esta etapa y se deben a que el pintor nació, creció y vivió (incluso murió) en un patio.

Además, un patio es Córdoba, pues resume la historia y la cultura de la ciudad: el sol, el agua subterránea, la estructura de la vivienda romana, la vegetación del jardín andalusí, la forma de vida de la casa de vecinos, e incluso la protección del patrimonio y el turismo cultural del siglo XXI. Condensa su alma. Córdoba es patio. Puede que ahí estuviera la clave: su vida fue un patio. Por eso Julio Romero de Torres fue Córdoba.

Pero el patio, además de inspirarle el marco arquitectónico, el silencio metafísico y la melancolía atemporal, lo devolvió a la senda del éxito en la Exposición Nacional de Bellas Artes de 1904.

Las experiencias previas de Julio en estos eventos habían sido positivas, pero quedaban lejanas en la memoria y en la estética. A la de 1895 había concurrido con *Mira qué bonita era* y logrado una mención honorífica, aunque hubo tantas aquel año que quizá no deberíamos tenerla muy en cuenta. Y en 1999 había conseguido tercera medalla con *Conciencia tranquila*, una obra en la línea de su padre que dos años antes había realizado para optar, sin éxito, a la beca en Roma. Es decir, en el certamen para el que había sido pintada no obtuvo reconocimiento.

A la que nos interesa, la de 1904, un Julio evolucionado y con energías nuevas presentó *Aceituneras*, *Horas de angustia* y *Rosarillo*. La primera es un lienzo de gran tamaño que mantiene la temática campestre y del que son interesantes los dibujos preparatorios, algunos muy diferentes al resultado final. Destaca sobre los demás uno en el que hay una mujer que observa fija y ambiguamente al espectador de la manera característica «juliorromeriana».

Horas de angustia, con mayor influencia del modernismo catalán, se imbrica no tanto dentro de la serie de obras luministas, sino de otras de mayor tono pesimista que comentaremos en el siguiente bloque y en las que también es común que utilice como modelos a mujeres de su entorno. Pero Alberto Villar destacaba la misma cuestión: los ojos. Afirmando que ya es «la protagonista única que mira al espectador para hacerle partícipe [...] la perenne mujer de Julio Romero [...]».

Y precisamente una mujer del servicio de la casa fue la retratada, apoyada en un quicio con la vegetación al fondo, en *Rosarillo*, lienzo con el que obtuvo una nueva tercera medalla.

Resulta curioso por anecdótico, a la par que revelador por explícito, el apunte que el propio Julio hizo a mano en el catálogo de la exposición: «La Exposición en su conjunto es mala. Es una pintura bárbara, sin altura y sin alma

[…]». Así, en el mismo año en que empezó a frecuentar las tertulias madrileñas que compartiría con su amigo y protector Valle-Inclán, el artista reflexionaba indubitadamente sobre el significado que debe revelar la obra de arte más allá de lo evidente y superficial.

Aquel premio de 1904 fue, pues, el indicio de que algo burbujeaba en las entrañas de la pintura de un Julio que viajaba al extranjero y se codeaba con la élite intelectual española. Había comenzado un camino sin retorno que lo alejaba del costumbrismo y el luminismo meramente estéticos. *Rosarillo*, al igual que *Mal de amores* (realizada un año después), todavía está envuelta en el verdor del patio, pero nos ofrece una carga simbólica y un mensaje velado que sobrepasan los aspectos técnicos. Y, sobre todo, nos sumerge en el que será su estereotipo de mujer racial, hipnotizándonos con esos ojos oscuros y profundos por los que Julio se precipitará al abismo triunfante de la eternidad.

LIENZO 2

La mujer

Especialmente dedicado a Lourdes Sánchez, la persona que más me ha insistido en que escribiera un libro.

Francisca Pellicer. Museo de Bellas Artes de Córdoba. Colección Junta de Andalucía.

«Mi estilo se impuso porque es la verdad».
Julio Romero de Torres

La pérdida de las últimas colonias españolas en ultramar (Cuba, Puerto Rico y Filipinas) en 1898 es conocida como «el desastre del 98». Esta crisis tuvo su heroico epílogo en la resistencia de un destacamento militar dentro de la iglesia de San Luis de Tolosa en Baler, pueblo de la isla de Luzón (Filipinas). La gesta duró casi un año, terminado el 2 de julio de 1899, y los soldados sitiados pasarían a la historia como «los últimos de Filipinas».

Pocos meses después, en otoño, cuando se iban suavizando aquellos contrastes de luz que el joven Julio llevase al lienzo, se disfrutaba de la amabilidad del sol y los tonos confortables de las plantas eran acompañados por el repunte de los olores tras el verano, el patio interior sí recibía buenas noticias, pues daba la bienvenida a dos nuevos miembros de la familia: se celebró el matrimonio del pintor con Francisca y se escucharon los primeros llantos del hijo mayor de ambos, Rafael.

Francisca Aquilina Lucía Dolores Petronila Pellicer López había nacido en Belmez a las ocho y media de la mañana del 19 de octubre de 1880, habiendo sido inscrita en el registro tres días después. El certificado que he manejado tiene fecha del 16 de octubre de 1899, es decir, coincide prácticamente con su diecinueve cumpleaños, y su solicitud seguramente estuvo motivada porque, dos semanas después, el 30 de octubre, contraería matrimonio con Julio en la parroquia de San Francisco y San Eulogio de la Ajerquía.

Era hija de Apolinar María Pellicer y Pérez, natural de Lodosa (Navarra), vinculado al mundo minero, y de Amalia López Rodríguez, de Belmez, que se dedicaba «a las ocupaciones propias de su sexo», como se indica en dicho certificado de Francisca y como resultaba común expresar. Su hermano, Julio Pellicer, era gran amigo del pintor, quien, como hemos señalado, ilustró alguna publicación suya.

Varios miembros de la familia, junto a la Santa Madre. El que se encuentra detrás de Julio es su hijo Rafael. En el extremo contrario, Enrique. Museo de Bellas Artes de Córdoba. Colección Junta de Andalucía.

Rafalito (o Rafaelito) nació el 21 de octubre, nueve días antes del enlace. Según su partida de bautismo, que tuvo lugar en la misma parroquia, se da la circunstancia de que vino al mundo a las cuatro de la tarde y recibió el sacramento ese mismo día. Esta celeridad no era rara, pero me viene a la cabeza la maldad de sentenciar que sus padres tuvieron la misma prisa por bautizarlo que por casarse...

Otra curiosidad es su nombre completo: Rafael Carlos Fernando Enrique Eduardo. Es decir, aglutinó los nombres de todos sus tíos varones por parte de padre (los cinco hermanos de Julio). Su abuela, la Santa Madre, fue la madrina. Y Julio Pellicer, el padrino. El uso de los nombres de los tíos para los recién nacidos era común. Sin ir más lejos, parece que Rafael Romero de Torres llamó Julia a su hija en honor a Julio.

Julio y Paca tendrían otras dos hijas: Amalia y María. Ni ellas ni el primogénito contraerían matrimonio, y todos vivirían hasta sus respectivas muertes en la casa familiar. De hecho, Rafalito sería, de 1941 a 1978, el continuador de la labor de su tío Enrique como director del Museo de Bellas Artes. Antes fue restaurador del mismo y realizó, por ejemplo, los frescos de la cúpula de la antigua capilla.

También restauró algunas obras de su padre e hizo la copia de la *Virgen de los Faroles* que hoy vemos en el altar del muro norte de la Mezquita-Catedral. Se trata de una Asunción (a veces se confunde con una Inmaculada, pero, si uno se fija, en la parte inferior aparece el sepulcro) que Julio pintó por encargo del alcalde José Cruz Conde para sustituir a un *Tránsito de la Virgen* que había sido pasto de las llamas; por ese lugar que ocupó, se la conoce como la *Virgen de los Faroles.* Tras fallecer el maestro, esta obra se trasladó a su flamante museo, realizando Rafalito, como hemos dicho, la copia que hoy luce en el altar.

Virgen de los Faroles. Museo Julio Romero de Torres.

Mercedes Valverde lamentaba, en la entrevista con la que comenzamos este libro, que Rafalito también había realizado muchas falsificaciones de obras de su padre cuando este falleció, firmándolas como si fuera él, la mayoría de ellas destinadas a América.

No fue común que Julio retratase a su familia. De hecho, solo tenemos constancia de un retrato de Francisca, que se conserva en el Museo de Bellas Artes. Realizado en fechas cercanas a la boda, se encontraba, al menos en épocas más recientes, sobre el piano de la vivienda familiar, y es la trasposición de una fotografía. También podría ser Francisca la mujer plasmada, pero no mirando al espectador, sino al patio, en *La siesta* y en *Pereza andaluza*. Sí sabemos que la utilizó como modelo para los murales del Real Círculo de la Amistad que comentaremos en las próximas páginas.

Efectivamente, las ocasiones en las que Julio, de una manera u otra, llevó al lienzo a Paca fueron pocas y corresponden a esa primera etapa de producción. Es decir, su conocida focalización artística en el cuerpo femenino (sobre la que nos extenderemos en este bloque y que, como hemos visto, venía gestándose desde años atrás) se desarrollará dejando a un lado a su esposa.

Los hijos del matrimonio sí que aparecerán en algunas obras más. Por ejemplo, Amalia protagoniza un hermoso retrato de 1917 que, varias décadas más tarde, ilustraría una emisión de lotería en homenaje a Julio. Y también aparece con una pose «clásica» en *Alegrías*, del mismo 1917, mostrándose ajena al episodio central del cuadro. Rafael fue uno de los modelos para *Cante hondo*, lienzo en el que nos detendremos en el cuarto apartado, y sus manos eran las que Julio habitualmente utilizaba para representar las de los guitarristas.

Francisca no solo dejaría de estar en sus obras (si es que podemos decir que alguna vez realmente estuvo), sino que, en gran medida, se iría diluyendo en el ambiente familiar. Quedó en la vivienda de la plaza del Potro con sus hijos cuando Julio marchó a vivir a Madrid, y su labor fue discreta, bajo el matriarcado dinástico de Rosario de Torres, Rosario (hija), Angelita y María, hasta su fallecimiento en 1966.

Retrato de Amalia Romero de Torres Pellicer.
Museo Julio Romero de Torres.

Pero, antes de que eso ocurriera, en 1899, parecía que la vida de Julio se asentaba en Córdoba. Además de contraer matrimonio y estrenar paternidad, lograba la plaza de auxiliar gratuito de Colorido y Composición en la Escuela Provincial de Bellas Artes. Más adelante, sería confirmado como profesor numerario de la Cátedra de Colorido, Dibujo y Copia del Antiguo y Modelo Vivo. Y, al desaparecer la escuela, pasaría a la de Artes Industriales, dirigida por Mateo Inurria.

Al igual que empleó modelos del entorno doméstico para las creaciones ambientadas en el patio, se cree que hizo lo propio para un grupo de obras pesimistas y sombrías de cronología similar, en el que podríamos incluir la propia *Mal de amores* y otras mucho menos conocidas, como *Pesadumbres*, *Flor de estufa*, *Esperando* (con la mujer igualmente apoyada en el quicio) o *A la amiga* (con la misma mujer que en *Mal de amores*).

Quizá influidas por la negatividad que derivó de la crisis del 98, en su mayoría son representaciones de las diferentes edades de la mujer en las que a veces se repite el esquema compositivo. La modelo utilizada para la niña parece ser Julia, la hija de Rafael Romero de Torres que hemos mencionado hace poco. Además, es interesante considerar que, entre ellas, podrían estar (junto con *Vividoras del amor*, que enseguida comentaremos) sus últimas composiciones ubicadas en interiores cerrados.

Sin embargo, nuestro protagonista no rompería nunca su vínculo con Madrid. A pesar del regreso a Córdoba en 1895 por el fallecimiento de su padre, de su matrimonio, paternidad y plaza de profesor, sus idas y venidas a la capital serían constantes. Volviendo a destacar el año que antes mencionamos, 1904, en el que logró la tercera medalla en la Exposición Nacional y afianzó su contacto con los círculos artísticos y literarios del momento.

De hecho, su nombre empezaría a resonar allí en 1906, con motivo de la siguiente Exposición Nacional, a la que presentó la obra *Vividoras del amor*. Este lienzo es entendido por algunos expertos como un paso atrás, pues retoma el cariz social de influencia paterna que Julio desarrollaba en la década anterior. Sin embargo, para mí, ese devenir muestra cierta coherencia, pudiendo considerar esta como la más destacada de este grupo de obras grises que acabamos de mencionar (algunas de las cuales serán presentadas a la misma exposición). Y muestra a su vez (igual que ocurriera con *Rosarillo* y *Mal de amores* respecto a las obras ambientadas en patios) una serie de pasos adelante que nos van dando pistas de lo que será su estilo de madurez.

Mercedes Mudarra recuerda que el jurado de la Exposición Nacional valoró sus aspectos técnicos, pero lo consideró, según un escrito del 20 de abril de aquel año dirigido al propio artista, «inadmisible por unanimidad de votos por no hallarlo conforme con el respeto y deferencia que se debe al público». Se creó entonces un salón de rechazados que tendría más éxito que la exposición en sí.

Todo ello supuso un escándalo y conllevó una serie de desagravios que ya se convertirían en habituales cada vez que las obras de Julio no fueran reconocidas en las exposiciones. Lo más probable es que no se tratara de algo inducido por él, sino por ciertos sectores culturales que lo utilizaban para, en palabras de Mudarra, «reivindicar la rebeldía» atacando a la Academia.

La cuestión es que con este episodio ya empieza a gestarse de alguna forma la leyenda de Julio Romero, lo que era recordado en un curioso documento mecanografiado de seis páginas, titulado *Algunos datos sobre la vida y labor artística de Julio Romero de Torres*, y que, presuponemos, fue redactado por algún miembro de su familia (Enrique, Rafalito o, más probablemente, Angelita) tras la muerte de Julio:

> Este cuadro fue expuesto en un salón particular por donde desfiló todo Madrid intelectual y el público en general, que condenaron la mojigatería del jurado. Entonces, empieza a acusarse en el mundo del arte la personalidad de Julio Romero de Torres.

Ese rechazo oficial lo llevaría a exponer el cuadro en la Galería Mendoza de Londres junto con otros españoles y con buena aceptación, contribuyendo a la fama del mismo. Francisco Javier Pérez Rojas ha planteado la posibilidad de que Picasso hubiera conocido *Vividoras del amor* y le hubiera influido en su famosa *Señoritas de Avignon*, realizada en 1907. No resultaría descabellado. Sin embargo, debemos recordar que el universo de los prostíbulos estaba muy extendido en el arte de aquellos tiempos (sin ir más lejos, en el imaginario de Valle-Inclán).

Pero lo que nos interesa destacar son cuestiones propias de la obra de madurez de Julio que ya vemos claramente en *Vividoras del amor*. Por ejemplo, el tono melancólico que hunde sus raíces en el patio de la casa familiar y que, aunque resulta más evidente en algunas creaciones de este momento, será característico durante toda su producción.

Tampoco debemos olvidar la omnipresencia de mujeres, destacando la modelo Ana López, apodada Carasucia, a la que tantas veces pintará en estos años. Ni la composición diagonal descendente, la característica ambigüedad en las miradas o algunas poses que repetirá más adelante. Sobresale, por supuesto, la de la mujer del brasero: tema y ademán que reproducirá en la mítica *Chiquita piconera*.

Alegrías. Museo Julio Romero de Torres. La mujer recostada es Amalia Romero de Torres Pellicer.

Quiero además añadir una reflexión relacionada con esta obra; el historiador del arte José Galisteo comentó en una conferencia que organicé en el Museo Garnelo de Montilla en noviembre de 2017 que *La chiquita piconera* era un cuadro de denuncia social. Nunca estuve de acuerdo con esa opinión, hasta que caí en la cuenta de un detalle: Julio, en sus años de madurez, retoma temas o elementos de obras de su juventud. Así ocurre con *La nieta de la Trini*, que repite el esquema de *La musa gitana*, u otros ejemplos que iremos viendo.

Por tanto, si podemos considerar que *Vividoras del amor*, por su temática y la mencionada pose, fuera el precedente de *La chiquita piconera*, este último sí que podría entenderse, igualmente, como un cuadro «de denuncia». En esa línea, Mercedes Valverde decía, en uno de sus artículos, que el artista nos dio a conocer en sus cuadros «sus inquietudes y soluciones ante situaciones discriminatorias que durante siglos ha padecido la mujer».

Vamos poco a poco, efectivamente, atisbando inconfundibles rasgos «juliorromerianos», en gran medida fruto de las influencias que recibe de Madrid, del modernismo catalán y de los viajes que, al no conseguir beca para una estancia en Roma, como sí había logrado su hermano Rafael, realizó por su cuenta. Tras el ya mencionado a Tánger de 1903, debemos prestar especial atención al que lo llevó a conocer el centro y norte de Europa el año siguiente: visitó París, Londres, Bruselas o Amberes, como bien se deduce de la correspondencia enviada por él mismo a su familia.

Ello supuso el descubrimiento de corrientes que habían surgido en el siglo anterior como rechazo al racionalismo de la Ilustración y el Neoclasicismo, y en las que palpitaba un sentimiento que sería trascendental en la obra de

Romero de Torres: en el arte hay algo que se ha perdido y que hay que recuperar. Nos referimos, por ejemplo, al prerrafaelismo, que influirá en sus obras inminentes, o al simbolismo, al que probablemente ya habría tenido aproximación a través de su gran amigo Valle-Inclán y que lo marcará para siempre.

Nazarenos y prerrafaelitas fueron dos colectivos que creían que la pintura más pura y, por ello, la más digna de ser emulada habría sido la de finales de la Edad Media y principios del Renacimiento. De hecho, el nombre de los segundos se debió a que imitaban a los artistas anteriores al famoso Rafael Sanzio, tomando como modelos a Giotto, Perugino, Masaccio, Fra Angelico…

Los primeros (los nazarenos), cuya actividad se extendió durante finales del siglo XVIII y el primer tercio del XIX, surgieron en Alemania. Pero se trasladaron a Roma, donde se instalaron en el abandonado monasterio de San Isidoro con el objetivo de llevar una vida monástica y se les apodó nazarenos debido a su imagen y estilo de vida. En esa búsqueda de recuperar «la verdad y la pureza» de la pintura, abordaban sobre todo temas religiosos, siendo sus miembros más conocidos J. Friedrich Overbeck y Peter von Cornelius.

Por su parte, los prerrafaelitas fueron una pequeña hermandad o cofradía (*brotherhood*) de pintores ingleses formada a mitad del siglo XIX y que en sentido estricto apenas tuvo una existencia de cinco años. Quizá los artistas más renombrados de los vinculados a la misma fueran John E. Millais, uno de los fundadores; Edward Burne Jones, que correspondería a la segunda generación, y el tardío John W. Waterhouse. Las obras de este grupo, muy coloridas, estaban repletas de símbolos y referencias literarias.

Aunque los prerrafaelitas tuvieron una mayor calidad técnica que los nazarenos, lo más relevante de ambos grupos fue la influencia que sus ideales estéticos ejercerían en artistas de las décadas siguientes, suponiendo un nuevo impulso para esos llamados «primitivos italianos» a los que tanto imitaban y que también imitará Julio.

Próximo al prerrafaelismo, así como a una corriente más conocida, como es el modernismo, encontramos el otro movimiento que nos interesa: el simbolismo. Se trató, como aquellas, de una reacción contra la frialdad académica del siglo XIX, en este caso nacida en Francia, y de carácter básicamente literario. El poeta Ioannis Papadiamantopoulos, de origen griego, conocido en el país galo como Jean Moreas, publicó en 1886 un manifiesto en el que afirmaba que, en el arte, las cosas expresadas son «simples apariencias sensibles destinadas a representar sus afinidades esotéricas con ideas primordiales».

Dicho de forma simplificada y práctica, lo importante no es lo representado, sino la idea última, universal, a la que esa representación quiere llevarnos. En consecuencia, lo fundamental para los simbolistas no es lo anecdótico, realista y fugaz, en lo que se centran, por ejemplo, la pintura costumbrista o el impresionismo. Para el simbolista, lo digno de ser convertido en arte es lo esencial y atemporal.

Lo dice un famoso verso del *Fausto* de Goethe: «[…] todo lo caduco no es sino parábola». Pero se extendió más sobre el asunto Valle-Inclán, quien desarrolló la idea del «quietismo estético», que supone «la revelación del sentido oculto que duerme en todo lo creado». El gallego afirmaba que el auténtico arte es «la cristalización de algo que está fuera del tiempo, y que no debe suponerse accidente del momento histórico», por lo que el artista «ha de tener una percepción más allá del límite que marcan los ojos y los oídos», ya que los sentidos son «fuentes de error más que de conocimiento». Apreciaciones que, sin duda, ya nos van «sonando» a lo que nos transmiten las obras de Julio Romero de Torres.

La belleza queda, pues, supeditada a la emoción, y lo que el artista busca transmitir es una realidad oculta. Los significados no se observan, sino que se sienten, se intuyen, utilizando como dos de sus principales herramientas la fantasía y la sinestesia.

En lo que a pintura se refiere, animo al lector a echar un ojo a las obras de Jan Toorop, Carlos Schwabe, Jean Delville, Fernand Khnopff, Pierre Puvis de Chavannes, Gustave Moreau o el catalán Juan Brull. Incluso Gustav Klimt se considera en muchos aspectos simbolista. Si lo hace, entenderá la profundidad de las sensaciones que destilan y comprobará algo muy importante: el simbolismo no es una corriente estética. Todo lo contrario, pues defiende la libertad formal, y el sentido último de la obra es un concepto mucho más profundo, aquellas «ideas primordiales» que le otorgan ese aire enigmático o espiritual inconfundible a pesar de las diferencias formales.

Debemos además tener en cuenta que, en un sentido práctico, un símbolo no es lo mismo que una alegoría. Un símbolo es algo más sugerente y subliminal, que ofrece una interpretación más amplia, afectada por la experiencia personal del observador o lector; por tanto, subjetiva y mucho más flexible. Las densas y misteriosas creaciones simbolistas ofrecen, en consecuencia, diversos niveles de lectura y comprensión. Pero, a su vez, en cada uno de esos niveles hay muchos significados posibles. Tantos como receptores. Es decir, existen significados infinitos.

Por tanto, no hay un sentido único (digamos «correcto») de una obra de arte. Esto, seguramente, les suene mucho a los que se han roto la cabeza pensando qué pretendía transmitirnos tal o cual lienzo, por ejemplo, de nuestro Julio Romero de Torres.

Otro rasgo extendido en el simbolismo y el modernismo (de hecho, la característica que más nos interesa en este discurso) es el papel fundamental que en sus expresiones juega la mujer, convirtiéndose en un personaje misterioso que tiene como rasgo principal provocar una irrefrenable atracción en el hombre. Una atracción que desborda lo sensual para llegar una vez más, como resulta coherente con el simbolismo, a lo metafísico y trascendente, tomando con frecuencia una imagen vampírica.

Esta visión de la mujer puede parecer contradictoria, pues la ensalza, al situarla como personaje principal, al tiempo que la convierte en la fuente de todos los males y pecados. Pero ello se debe a que hacemos una interpretación académica (hoy podríamos llamarla «occidental», para entendernos). Sin embargo, resulta cuestionable pretender dar un enfoque académico a un movimiento cuya filosofía y estética eran, por sus propias idiosincrasia y definición, justo lo contrario.

Dicha perspectiva olvida que la mayor parte de estos creadores estaban abiertos a muy diversos tipos de conocimiento, siendo aquella una época dada al ocultismo y al esoterismo como reacción frente a la entronización de la razón. En ese sentido, me resulta especialmente interesante recordar el significado de la palabra *esotérico,* que no hace referencia a cuestiones mágicas, sino al conocimiento que solo se aprende dentro de determinados círculos. Justo lo contrario a lo exotérico, que es lo «común, accesible para el vulgo».

Resumiré señalando que, en el mundo esotérico, la mujer (o «lo femenino», si se prefiere) es la vía para vincularse con la divinidad o, cuando menos, alcanzar ciertos tipos de conocimiento superior. Solo hay que pensar en la simbología de tantos cuentos tradicionales (hoy, por interesada manipulación, considerados infantiles o incluso —en el colmo de la tergiversación— machistas), destacando el mundialmente conocido relato en el que la mujer da de comer al hombre el fruto del «árbol de la ciencia y del bien y del mal». Como último ejemplo, simplemente, volvamos al *Fausto*: «Lo eterno femenino nos lleva a las alturas».

No estoy ni defendiendo ni criticando estas interpretaciones del mundo en general y de «lo femenino» en particular. Solo pretendo mostrar que el movimiento del simbolismo, muy vinculado al esoterismo, puede estar transmitiéndonos la imagen no necesariamente negativa de la mujer, sino todo lo contrario. Y esta reflexión o duda podría aplicarse igualmente a la mujer que plasmará en sus lienzos el simbolista Julio Romero de Torres.

Otras dos fundamentales características del simbolismo (claramente relacionadas entre sí) son la ambigüedad y la representación de valores aparentemente opuestos. La mayor parte de exotéricos lo justificarán explicando que mediante estos se representaba la dualidad del universo. Muchos esotéricos argumentarán, sin embargo, que el motivo es precisamente el contrario: el bien y el mal, la pasión carnal y el amor espiritual, la vida y la muerte, al final (sobre todo, en determinados niveles de consciencia), son lo mismo, o, al menos, inseparables. También lo decía Valle-Inclán en *La lámpara maravillosa*: «[…] amor y dolor son como el símbolo de la vida humana y nunca van deshermanados [...]».

Los polos opuestos no son contradictorios, sino elementos que combinar para lograr un tercero más completo, superior y desligado de la dualidad superficial: de ahí la ambigüedad. En los sexos, por ejemplo, este tercer elemento sería el andrógino. Precisamente sobre la pintura de Romero de Torres, Ramón Gómez de la Serna señalaba en 1918 que llega al punto en que los extremos se tocan, incluidos la vida y la muerte: «el punto de reconciliación de todo».

Para terminar con la relación entre el simbolismo y el mundo esotérico, quiero recordar los salones Rosa-Cruces celebrados en París entre 1892 y 1897, a los que el Museo Guggenheim de Nueva York dedicó en el verano de 2017 una exposición llamada «Simbolismo místico: El Salón de los Rosa + Croix en París, 1892 a 1897» (muestra que luego pasó al Peggy Guggenheim de Venecia).

Estos eventos, impulsados por Joséphin Péladan, no me interesan tanto por su sentido místico, sino porque se convirtieron en eventos cosmopolitas en los que participaron simbolistas como Toorop, Schawe o Khnopff, y porque algunas de sus normas eran que las obras de arte debían alejarse de la pintura de historia, del paisaje, del bodegón..., mientras daban rienda suelta a la leyenda, al mito, al lirismo o a la imaginación. Una vez más, la reivindicación de lo esencial y atemporal frente a lo fugaz y anecdótico.

Para relacionar todo esto con Romero de Torres, debemos recordar que la estética luminista que el pintor había venido desarrollando y sobre la que nos extendimos al final del bloque anterior obtuvo, en su versión más evolucionada, un cierto reconocimiento: consiguió tercera medalla en la Exposición Nacional de 1904. Pero ni siquiera este logro impidió que el *tour* por Europa de ese mismo año, en el que contempló personalmente creaciones correspondientes a los movimientos artísticos que hemos explicado, revolucionara la estética de sus obras.

Vemos ese espíritu simbolista y esas líneas internacionales de manera diáfana en algunos proyectos posteriores al viaje. No en todos, pues debemos tener en cuenta que, en esta etapa de experimentación, solapa obras que florecen a partir de inercias anteriores con otras ya germinadas sembrando las nuevas formas aprendidas. Por ejemplo, no se aprecian estos cambios en la ya comentada *Vividoras del amor*, pero sí en unas arpilleras con escenas del Antiguo Testamento y en los murales del Real Círculo de la Amistad.

Rosas en la balconada. Real Círculo de la Amistad.

Las arpilleras, de regusto prerrafaelita, fueron realizadas en 1906-1907 imitando las ilustraciones realizadas por Gustave Doré para la Biblia de 1865. En la zona inferior de una de ellas se indica «Noemí y sus hijastras», así como «Lib. de Ruth cap. I ver. 14». Parece que el enunciado del tema es un error, pues deberían ser «nueras de Noemí» en lugar de «hijastras», pero, por motivos evidentes, no debemos descartar que en diversas lenguas las palabras *nuera* e *hijastra* sean la misma. En la otra arpillera se lee «Evangelio de San Lucas» y «Regreso del hijo pródigo».

Mucho más conocidos son los murales que le encargaron en 1905 para el Real Círculo de la Amistad y que recrean, en acertadas palabras de Javier Pérez Segura, un maravilloso «ambiente arcádico». Siete años después de realizar *Rosas en la balconada* junto con Enrique para la barbería, Julio debía decorar el Salón Pequeño, que desaparecía años después con la realineación de la calle Alfonso XIII, provocando que las pinturas se trasladasen a la escalera, donde hoy comparten espacio precisamente con *Rosas en la balconada.*

Sin duda, en que fuera el elegido para este proyecto influyó el hecho de que poco antes hubiera terminado de pintar con éxito las bóvedas de la parroquia de Nuestra Señora de la Asunción de Porcuna (Jaén). Trabajo que, como señala Fuensanta García, también podemos relacionar con un similar encargo que recibiría en la década siguiente: la capilla Oriol, en Madrid (1916-17).

Los del Círculo son seis lienzos, aunque parecen frescos, sobre el arte y la creatividad. Los dos más destacados son *Canto de amor* y *El genio y la inspiración.* Sobre este último, Mercedes Valverde, en un artículo que titula «Genialidad en los muros del Círculo», publicado en la revista de la propia entidad, realizó una preciosa descripción de la simbología de la composición: la escena, al borde de un acantilado junto al mar, muestra cómo «un personaje femenino que simboliza la inspiración protege a un niño desnudo y desvalido»; el artista creador, que «tiene que mirar el camino del arte por encima de los abismos terrenales». Para ambos, Julio empleó como modelo fotografías en las que posan miembros de su familia, incluida (aquí sí) su esposa Francisca.

Enrique y Paca, posando como modelos para *Canto de Amor.* Museo de Bellas Artes de Córdoba. Colección Junta de Andalucía.

Canto de Amor. Real Círculo de la Amistad.

Los otros cuatro son alegorías de las artes: *La Literatura, La Pintura, La Música* y *La Escultura.* En tres de ellas, el fondo es un sutil vano, como ya iba siendo (y será) característico. Sin embargo, en *La Escultura,* de estética más moderna, ese vano no es tal, sino un relieve. Como bien señala Mercedes Valverde, quizá fue el primero en realizarse y no gustase, lo que lo habría llevado a simplificar los otros a meros esquemas de estética menos llamativa.

Arriba, *La Literatura* y *La Música*. Abajo, *La Pintura* y *La Escultura*. Real Círculo de la Amistad.

Todos muestran diversas influencias extranjeras, destacando ese relieve incluido en *La Escultura*, tomado de la realidad: se trata de *La glèbe* (*La gleba*), del escultor belga Constantin Meunier (Bruselas, 1831-1905). Así, Julio no solo rinde homenaje al artista recién fallecido, sino también al «esfuerzo de los mineros y cargadores de los altos hornos de Amberes». En detalles como este se comprueba que, a pesar de la influencia internacional, el artista no había perdido la conciencia social heredada de su padre.

Si no han sido erróneas mis pesquisas, la fecha de adquisición de la obra por parte de los Museos Reales de Bellas Artes de Bélgica fue 1903. Es decir, justo antes del viaje de Julio, por lo que, sin duda, la conocería en directo en Bruselas. Mercedes Valverde, por su parte, señala en el mismo artículo que los hijos del pintor le transmitieron lo que había sufrido su padre por la incomprensión que padecieron estos vanguardistas lienzos y el señalado guiño social.

Como puede comprobarse, Julio continuaba sumergiéndose en el universo simbólico, dándole en este caso un envoltorio (ya dijimos que el simbolismo no es una estética) absolutamente moderno y europeo debido a la influencia del comentado viaje. Era una clara ruptura con la imagen del patio, *Rosarillo* o *Mal de amores*. Sin embargo, no continuará dicha nueva senda estética, quedando este como un conjunto aislado tanto en su producción personal como en la ciudad (es posible que, como decía Mercedes Valverde, por no haber sido un lenguaje comprendido).

De hecho, debemos recordar que solo un año después presentaría a la Exposición Nacional *Vividoras del amor*, de estilo absolutamente diferente. Ello confirmó que se encontraba en una etapa, si bien ya no de tanteos guiados por la influencia familiar como lo había sido la década anterior, sí todavía de experimentación y búsqueda de un estilo propio, de pasos adelante y atrás, al menos en lo que a las formas se refiere. Pero ya se encontraba a las puertas de hallar ese sello personal, que llegaría coincidiendo con otro viaje, el de 1908 a Italia.

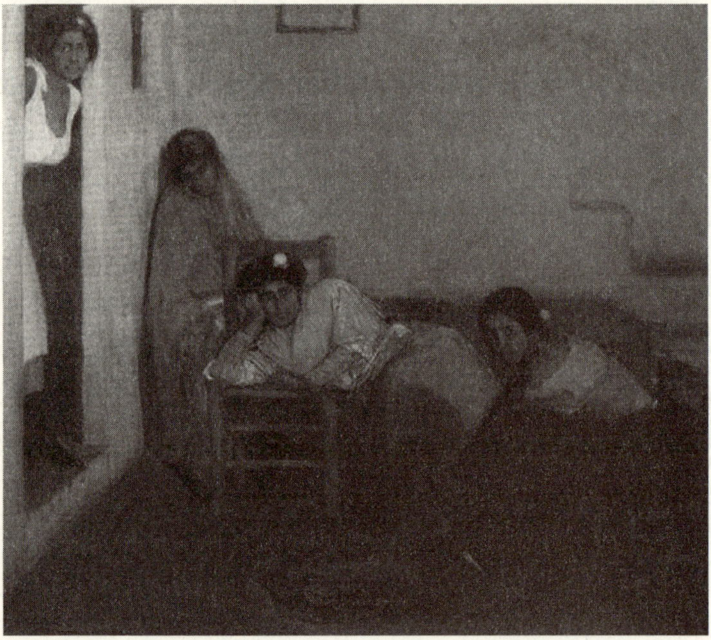

Vividoras del amor. Fondos artísticos de la Fundación La Caja de Canarias.

Recapitulemos, pues, los acontecimientos: tras aquel viaje por Marruecos y el siguiente por Europa, el éxito de *Rosarillo*, este proyecto del Real Círculo de la Amistad y el posterior escándalo de *Vividoras del amor* (tras todos aquellos años de aprendizaje y experimentación, en resumen), Julio participó en 1907 en el Primer Salón de

Independientes del Círculo de Bellas Artes de Madrid junto con otros jóvenes artistas, como Rusiñol, Nieto o Gutiérrez Solana.

Las obras presentadas, que el documento familiar antes citado califica como tres «retratos de muchachitas populares cordobesas» (dos de cuyos títulos, por cierto, se confundieron a menudo entre sí), no serían especialmente reseñables en comparación con las que estamos comentando. De hecho, *La musa gitana*, una de sus más importantes creaciones, quizá ya estaba acabada, pero sería reservada para la siguiente Exposición Nacional, que se celebraría un año después.

Sin embargo, he querido mencionar este evento porque, contrariamente a lo ocurrido con *Vividoras del amor* en 1906, Julio tuvo buena aceptación y ya fueron destacados por la crítica los ojos inconfundibles que plasma y que lucen «todo el negro llameante de sus pupilas». El tipo de mujer que llevaría al lienzo también empezaba a definirse y, por ello, a repetirse las modelos; entre ellas, volvía a estar Carasucia.

Y llegó el año 1908, el de su viaje a Italia. Desde el país trasalpino envía postales, como la destinada a sus dos hijas, a las que parece dirigirse cariñosamente como «queridas miguitas» (la palabra que utilizó no es la previsible *hijitas*). Sin embargo, la que nos interesa es otra que desde Milán escribe a su madre, con la imagen de *Los desposorios de la Virgen*, de Rafael. No era casualidad. Había quedado prendado de la esencia del Renacimiento italiano. Y así sentencia a Rosario de Torres, sin dar más detalles, en dicha misiva:

> Queridísima madre y demás familia:
>
> Hoy hemos llegado a Milan desde Basilea. Enseguida vamos a dos pueblecitos que pillan en el camino y dentro de dos o tres días llegaremos a Venezia. [...] Estoy viendo muchas más cosas que el año pasado [...]. Después de este viaje no necesitaré ver más nada... Y que Angelita diga lo que yo no digo por modestia.
>
> Muchos besos y abrazos de tu hijo Julio.

La frase «[...] muchas más cosas que el año pasado [...]» hace referencia a un posible viaje anterior a Italia del que existen indicios y que tendría que ver, junto con otros factores, con el hecho de que en su obra empiecen a producirse algunos cambios italianizantes antes de 1908.

En todo caso, este ensayo no pretende que los árboles nos impidan ver el bosque: lo que nos interesa es que *La musa gitana*, *Nuestra Señora de Andalucía* y *Amor místico y amor profano*, así como *Fuensanta* y *Bendición*, presentadas a la Exposición Nacional de 1908, encarnan el gran salto en la pintura de Julio Romero de Torres. En ellas vemos ya la adaptación del simbolismo y sus patrones a un lenguaje regionalista, con gran influencia estética de lo visto en Italia, especialmente de los llamados «primitivos italianos» a los que también imitaban los nazarenos y prerrafaelitas.

Ese fue el gran mérito de Julio: ser un crisol y catalizador excepcional. Como decía su amigo Valle-Inclán, el hombre no puede gestar en su mente una forma que no haya visto, sino que, al igual que los antiguos creaban su imaginario de monstruos con partes de diversos animales que existían, el poeta «con elementos conocidos crea también un linaje de monstruos». Y Julio había compuesto el suyo. Cuando en la postal decía a su madre «no necesitaré ver nada más», hablaba de forma literal. Ya se había empapado de todo lo que necesitaba.

No sería casualidad que otro amigo, Azorín, poco después (en abril de 1909), le enviase desde Madrid una postal con *La Anunciación de la Virgen* de Leonardo da Vinci, artista de cuya obra Julio había quedado prendado. De hecho, en su poema sobre las mujeres de Romero de Torres, Manuel Machado se refiere a Julio como «nuestro inenarrable Leonardo cordobés». Y, volviendo al momento en el que estábamos, Valle-Inclán escribía sobre la participación del cordobés en esa exposición, valorando positivamente su espíritu simbolista:

> Julio Romero de Torres es, de cuantos pintores acuden a esta exposición, el único que parece haber visto en las cosas aquella condición suprema de poesía y de misterio que las hace dignas del arte. [...] Este gran pintor, emotivo y consciente, sabe que para ser perpetuada por el arte no es la verdad aquello que en un momento está ante la vista, sino lo que perdura en el recuerdo. Yo suelo expresar en una frase este concepto estético, que conviene por igual a la pintura y a la literatura: nada es como es sino como se recuerda.

La musa gitana obtuvo la medalla de oro. Curiosamente, dos años después de que *Vividoras del amor* hubiera sido rechazado por inmoral, un desnudo lograba el máximo premio en una Exposición Nacional y consagraba a su autor. Y ni siquiera había buscado una modelo nueva, pues fue otra vez Carasucia.

Ante la reincidencia en la elección de Ana López como modelo, resultan llamativos los comentarios que haría Julio años después, recordando los problemas que le traía el pintarla. La muchacha vendía flores en cabarés cordobeses, como los de las calles Fitero o Zorrilla, y era una «arisca gitanilla» con «linda cabecita loca», rebelde y juerguista. Según aseguraba (aunque quizá, como era común en él, exagerando), tuvo que ir a por ella más de una vez a la sierra y traerla a caballo. Incluso, en una ocasión, «a una quinta de Lucena» y traerla «por una oreja» para conseguir finalizar «la tela».

Nuestra Señora de Andalucía. Museo Julio Romero de Torres.

En este lienzo, trasposición del esquema de *Lectura*, realizado unos años antes, se ha querido ver la influencia de la *Venus de Urbino* de Tiziano, la *Venus dormida* de Giorgione, la *Maja desnuda* de Goya o la *Olimpia* de Manet. Lo más curioso es que la «Venus» de Romero de Torres es, junto con la de Goya (o sea, la otra española), la única que no se tapa el pubis con la mano. Costumbre que mantendrá en, por ejemplo, *Las dos sendas*. A mí, personalmente, *La musa gitana* me recuerda también a los desnudos del menos conocido artista francés Lefebvre.

Ubicación actual de algunas de las obras del pintor que se encuentran en el Real Círculo de la Amistad.

Debió de ser casi contemporánea de *Vividoras del amor* (por ello, como dijimos, el autor tuvo la posibilidad de haberla presentado al Salón de 1907). Esto lo sabemos sobre todo por una carta que Miguel de Unamuno envía a Julio en noviembre de 1906 y en la que, aparte de augurar un gran éxito a *La musa gitana* que ya estaba acometiendo, le agradece que le haya hecho de cicerone en Córdoba, destacando que le mostrase las obras de Valdés Leal en la iglesia del Carmen Calzado.

Nuestra Señora de Andalucía (en principio llamada solo *Andalucía*) es todo un homenaje a su tierra y a la música, habiendo personificaciones de la copla (izquierda), el baile (derecha), la música (el guitarrista) y, evidentemente, de la propia Andalucía, en el centro. Parece que a la bailaora, la Cartulina, la mató su novio por posar para Julio Romero, lo que contribuiría a acrecentar la leyenda del artista al menos en la ciudad. Además, Julio se retrató a un lado, ajeno a la escena, como los antiguos «donantes» del Renacimiento. Y en la lejanía incluyó pequeñas escenas secundarias de influencia flamenca o italiana.

Amor místico y amor profano (o *Amor sagrado, amor profano*) supuso el punto de partida de uno de sus temas preferidos, ya lo reflejase como argumento principal de las composiciones o como secundario: las dos sendas (la sagrada y la profana), simbolizadas, como todas las cosas, a través de la mujer.

Al fondo de la imagen, lo que antes era un patio cordobés ahora se convierte en un cementerio de igual o mayor quietud. Y vemos claramente el «marco» (columnas) que nos indica que observamos el episodio desde un interior o algún tipo de arquería.

En principio se llamó *Las vírgenes*, como demuestra un dibujo preparatorio, pero Valle-Inclán le dio el definitivo, tomado de una obra de Tiziano. Y sobre él, años después, escribió:

> En este cuadro admirable de *Amor místico y Amor profano* hay dos figuras de mujer que tienen entre sí una vaga semejanza, toda llena de emoción y de misterio, algo

> como el perfume de dos rosas que una fuese diabólica y otra divina. La rosa de fuego y sangre, y la otra de castidad y de dolor. Y esta semejanza de tan profunda emoción, parece querer decirnos el origen común de uno y otro amor, y que aquellas que van a juntar sus manos son dos hermanas. Aquel sepulcro que en el término distante aparece entre ellas nos dice, en la paz cristalina y silenciosa del fondo, que uno mismo será su fin. [...]
>
> El pintor ha realizado una obra triunfadora del tiempo, porque ha conseguido hacer las cosas mudas y quietas más intensas que la vida misma [...].

La obra en cuestión se encuentra actualmente en la sala Tesoros Cajasur del Palacio de Viana de Córdoba. He realizado muchas visitas guiadas en ella y solía ponerles el broche de oro leyendo este texto con adecuado ritmo y pausa ante un público casi hipnotizado. Resulta maravilloso contemplarla en directo y distinguir las sutilezas con las que el autor resalta la feminidad de la mujer de blanco (luz, flor roja en el pelo, curvas de vientre y de senos marcadas por la ropa) frente a la oscuridad absoluta de la vestida de negro. Muchos asistentes a dichas visitas, por cierto, me han comparado las manos que casi se tocan con las de *La creación de Adán* de Miguel Ángel.

En estos lienzos ya estamos ante el Romero de Torres por todos conocido, aunque existiendo en ellos leves matices: *La musa gitana*, quizá por el hecho de haberse comenzado antes, se acerca más a un cierto tenebrismo simbolista, mientras que en *Nuestra Señora de Andalucía* y *Amor místico y amor profano* encontramos una mayor influencia de la pintura del Renacimiento temprano, con tonos más verdosos («esos verdes apagados tan bonitos, que son de Leonardo», diría décadas después María Teresa López), y siendo las figuras más estáticas y planas. Pero, obviamente, esto último no es por torpeza, sino algo realizado intencionadamente con el fin de imitar a los «primitivos italianos»; hieratismo que también nos recuerda a los iconos bizantinos.

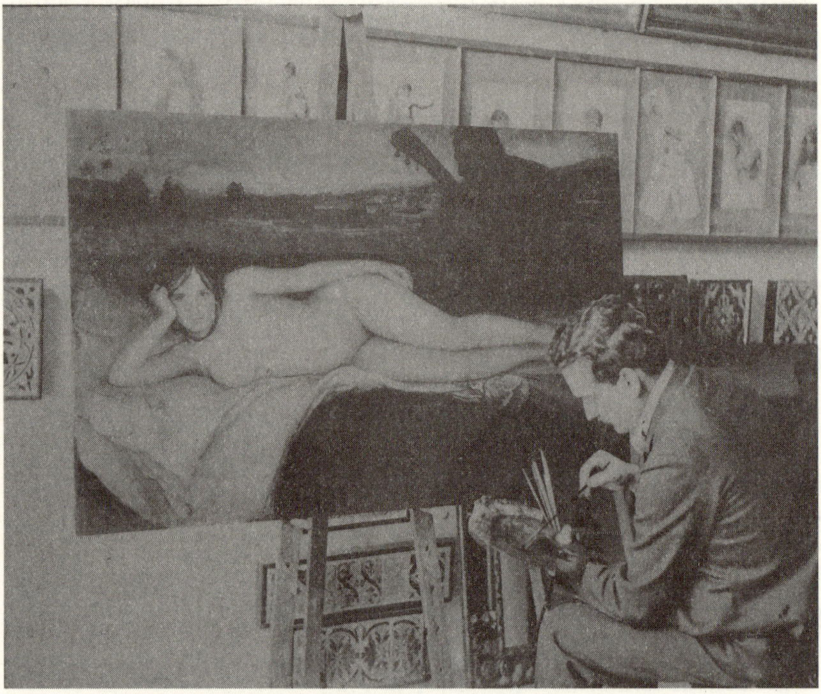

Julio, pintando *La musa gitana*. Museo de Bellas Artes de Córdoba. Colección Junta de Andalucía.

Volvemos a observar esas miradas profundas y de emoción contenida que ya habíamos visto en algunas obras, al igual que los «marcos» que cierran a menudo las composiciones, o las características escenas secundarias de los fondos. Y se impone la presencia de Carasucia y Carmen Casena (esta última encarna a la copla en *Nuestra Señora de Andalucía*), dos de las modelos que más pintará en estos años.

No podemos, sin embargo, creer que este estilo personal e inconfundible no evolucionaría. De estas figuras «planas» y tonos pastel, con los años, Julio irá volviendo a los volúmenes más naturales, ganando plasticidad, oscureciendo su paleta y empleando tonos más cálidos. Solo hay que pensar en ejemplos intermedios, como *El Pecado* y *La Gracia*, que en breve comentaremos, o en obras más avanzadas en el tiempo, como *Cante hondo* o *La chiquita piconera.*

Su pintura mantendrá, eso sí, aquella atemporalidad, ese momento congelado para poder capturar lo inmutable de las cosas, porque, como decía Valle-Inclán, lo que «solemos llamar arcaico no es otra cosa que la condición de eternidad». Y Lily Litvak hablaba de que Julio plasmaba «un tiempo fuera del tiempo»; incluso, me permito añadir, quizá un tiempo antes del tiempo, pues gestaba su propia mitología con valores eternos y episodios que, en ocasiones, parecen ubicados en una especie de cosmogonía: *In illo tempore.*

Aquella revolución, habitualmente despreciada por la crítica actual, consistía en ese retorno a lo esencial e invisible, tal y como pretendían los prerrafaelitas y los simbolistas. En una entrevista de 1920, confirmaría esta filosofía al mostrar sus desavenencias con las corrientes que en su tiempo eran más vanguardistas:

> Desde luego, no soy francamente favorable; y no es que quiera desdeñar los nuevos géneros; es que estoy convencido de que en el arte no pueden existir modernismos... Ahora están de moda los «puntillosos»... pero pasará ese furor; porque constantemente nacen escuelas de distintas tendencias; ahí tiene usted los sineroncistas, de fuertes colores y mezclas detonantes, a los futuristas [...]. A mí me parece tan mal el reírse de esas modalidades de Arte como el pensar que estos nuevos géneros han de arraigar

> y persistir mucho tiempo… cuando han de pasar, dentro de más o menos, sin dejar rastro.

Es la misma idea que en una ocasión escuché a un productor musical: si una canción depende de la moda del momento, pasará sin dejar rastro cuando cambie la moda. Pero, si la canción es una creación que está por encima de esa tendencia y no depende de ella, se convertirá en un himno atemporal.

En otra entrevista, seis años antes, el artista reflexionaba de manera similar:

> La pintura ha de ser lo que fue siempre, porque desde los primitivos a Goya pasando por tantos temperamentos y escuelas, el concepto fue el mismo, porque es eterno… Valle-Inclán, el gran maestro, lo ha dicho de la manera más concisa y feliz: «Nada es como es, sino como se recuerda». Así, la pintura debe ser la verdad vista a través del recuerdo. En estos tiempos que todavía tiene cultivadores esa pintura de una realidad fotográfica, los que tal hacen sacan de bandera a Velázquez sin notar que ese sublime pintor da una serenidad y un prestigio a la línea, al color y a la composición que nunca tiene la realidad y se encuentra tan lejos de esta en un sentido ultrarrealista como el Beato Angélico con su idealismo maravilloso.

Esta no solo era una inquietud de nuestro protagonista. Anselmo Miguel Nieto, igualmente amigo de Valle-Inclán, también coincidía con la idea del gallego de que lo eterno y permanente es la tradición: «Muchos pintores españoles se dejan dominar por la moda de la pintura francesa, que está siempre agitada por renovaciones que satisfagan la inquietud del público. Pero nosotros tenemos que respetar la tradición».

Cabalgando sobre esas ideas, Romero de Torres ejemplificó a la perfección la frase de Antón Chejov de que, para ser universal, hay que hablar de lo propio, pues adaptó el simbolismo europeo a una estética personal, llegando a lo universal y esencial a través de lo «arcaico» y de lo regional.

En las obras presentadas a la Exposición de 1908 se intuye, además, una diferencia por parte de Julio respecto al uso habitual que el modernismo y el simbolismo solían hacer de la mujer: aunque sea por exigencias del guion, en ocasiones la representa en facetas que van más allá de la mujer fatal, como la de madre, la de redentora... Lo que nos hace recordar aquel planteamiento de que ese aparente rol maléfico pudiera, en el fondo, no ser tal.

A pesar de esta primera medalla, el cordobés no se asentó con estabilidad en las Exposiciones Nacionales, pues en las dos siguientes su obra fue semilla de polémica, como había ocurrido en la anterior con *Vividoras del amor*. El hecho de que no obtuviera reconocimiento en ellas llevó a los correspondientes escándalos (cada vez eran más considerables), impulsados por intelectuales y por la prensa, que terminaron con adquisiciones de obras por parte de las administraciones, banquetes y otros diversos homenajes como desagravio tanto en Córdoba como en Madrid. Por ejemplo, en 1910 se le concedió la encomienda de la Orden de Alfonso XII, y en 1912 se le hizo entrega de una medalla costeada por suscripción popular y realizada por su tocayo y amigo Julio Antonio.

También se cumplió lo que ya era casi una fórmula matemática: el éxito que esas obras no valoradas tendrían en posteriores muestras internacionales. La composición estrella de las presentadas por Julio en 1910, *Retablo del amor*, ganó la primera medalla en la Exposición

Internacional de Bellas Artes de Barcelona, celebrada un año después (siendo comprada por el Ayuntamiento de esta ciudad). Igualmente, *Las dos sendas*, que participó en la Exposición Nacional de 1912, logró la primera medalla en la de Múnich al año siguiente. Se demostraba así que tanto Europa como Cataluña (más abierta al continente) entendían mejor su pintura por estar más habituadas al simbolismo y a las nuevas corrientes artísticas.

Las dos sendas. Colección particular.

En ambas composiciones plantea diferentes tipos de «amor» (en *Retablo del amor*, nada menos que seis) y en ellas están asentados prácticamente todos los elementos característicos «juliorromerianos» que, en su mayoría, ya desgranamos en las presentadas a la Exposición de 1908: el casi monopolio de los personajes por parte de la mujer, la particular interpretación de la ciudad en los fondos, las escenas secundarias que se ubican en ellos, las arquitecturas abiertas, los maravillosos encajes, la presencia y significado de las flores (algo habitual en el simbolismo), así como la patente influencia italiana.

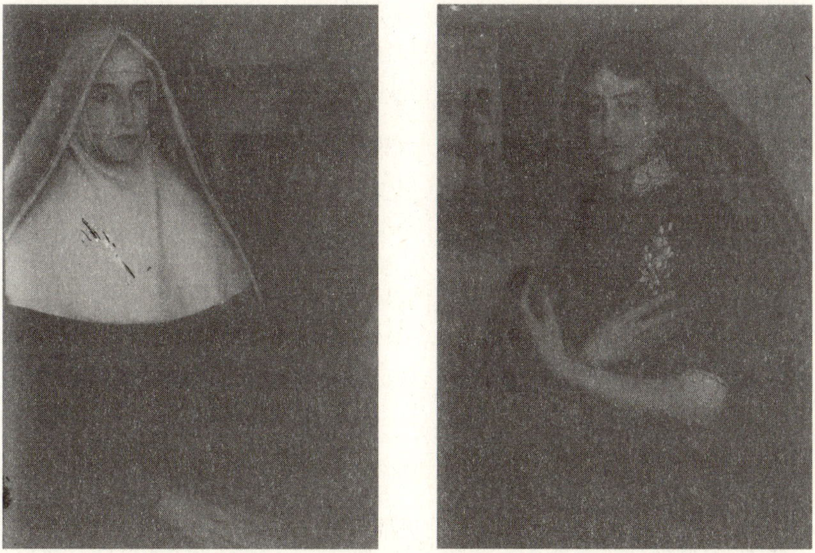

Dos de los paneles del *Retablo del amor*. Colección Moreno Bello.

Empezamos también a observar claramente la relación entre erotismo y religión que se podía intuir en *Amor místico y amor profano.* Aunque extremos como la plasmación de una Anunciación con una Virgen desnuda en *Retablo del amor* podrían entenderse como simples provocaciones destinadas al *marketing*, habría que recordar la singular asociación que el simbolismo hace de determinados temas, como la espiritualidad y la sensualidad. Idea que además puede ayudar a comprender la presencia de monjas en obras no expresamente religiosas.

Sobre este asunto no quiero dejar de mencionar la visión, a menudo más sencilla y esclarecedora, que ofrece la perspectiva. Un artículo del argentino diario *Clarín* del año 2002 recordaba la gran exposición de Julio en Buenos Aires ocho décadas atrás (que será uno de los ejes del cuarto bloque de este libro) e incluía una interesante reflexión al respecto, señalando que esta combinación no es exclusiva de Julio ni de la pintura:

> Quien haya visto la relación profundamente erótica que los andaluces tienen con la religión, presente en el arte barroco de sus iglesias y también en los dichos que los fieles gritan a las imágenes de la Virgen en la Semana Santa sevillana, entenderá de qué se trata.

Ambas obras están protagonizadas por Adela Moyano, una de las modelos favoritas de Julio en esta época. En *Las dos sendas,* además de la presencia ya habitual de Carmen Casena, contemplamos la de Rafaela Ruiz, otro fetiche del pintor, que siempre iba a posar acompañada de un familiar. Y en la juerga del segundo plano, representada con todo detallismo, aparece dos veces un personaje masculino que podría ser el propio artista y que, en ese caso, nos deja muy claro cuál de esas «dos sendas» prefiere.

Como ya hemos explicado, esos caminos no son exactamente opuestos. En primer lugar, como iremos comprobando, porque Julio habitualmente no los lleva a los extremos; es como si nos mostrase dos opciones dentro de un rango u horquilla determinados y las diferencias entre ambas no son radicales (hay excepciones, como precisamente *Las dos sendas*, en las que sí). Y, por otro lado, porque, en la línea de lo que comentamos cuando hablábamos del simbolismo, en realidad todas las vías son una; todas tienen el mismo destino. Lo decía Valle-Inclán en referencia al final común, el sepulcro del fondo, de *Amor místico y amor profano*. Y también en *La lámpara maravillosa*: «Caminos contrarios, que, sin embargo, conducen a un mismo final, porque todos los caminos prolongados hasta el infinito se encuentran».

El carácter místico y esotérico de Valle-Inclán queda patente en *La lámpara maravillosa*, pero su experiencia fue más lejos que su pluma, habiendo constancia de que llegase incluso a flirtear con el espiritismo. No sabemos si Julio, buen conocedor de la cultura gitana y popular andaluzas, que además se había criado en Córdoba cerca del barrio de Santiago (tradicionalmente habitado por supuestas adivinas y curanderas), era ya dado al esoterismo o si se interesó por él a partir de su amistad con el gallego.

Sea como fuere, buena prueba artística de esa inclinación tenemos, entre otras obras, en *La sibila de la Alpujarra*. Presentada también a la Exposición de 1912, rebosa influencia de los retratos de Leonardo da Vinci, la figura más admirada por Julio de toda la historia del arte. Normalmente, la emulación que el cordobés hacía del maestro italiano se centraba más en la búsqueda de la esencia de lo representado que en la estética, pero en esta ocasión dicha imitación de las formas sí tiene lugar. Aquella característica ambigüedad que solía contener en las miradas y que a no pocos expertos ha recordado a la que transmite la sonrisa de *La Gioconda* se extiende aquí a la expresión de todo el rostro.

La sibila de la Alpujarra. Museo Julio Romero de Torres.

De nuevo, añade una escena en el fondo (con los ya habituales quicios) que podemos combinar de variadas formas con la del primer término. Esta se encuentra, una vez más, protagonizada por Carmen Casena, cuyas facciones encajaban como un guante en la mujer racial de Romero de Torres cuando buscaba representar unos rasgos de mediana edad.

La cartomancia y la adivinación no eran temas raros para los simbolistas, pues, como dijimos páginas atrás, estos estaban vinculados al mundo esotérico. Y también señalamos que uno de sus principios era la búsqueda de la esencia inmutable de las cosas, patente en la pintura de nuestro protagonista. Pero Julio también desarrollaba la expresión de esa atemporalidad en, al menos, otras dos dimensiones: por un lado, con la estética de regusto arcaico que pretendía estar por encima de un tiempo concreto y que tanto alababa Valle-Inclán; por otro, planteando la eternidad a través del esquema compositivo del propio relato, pues en la combinación de escenas que dispone no hay un antes o un después. No plasma un claro orden temporal para esos episodios. Esa es la causa de que, al observar sus obras, nos cueste discernir si los episodios secundarios son causas o consecuencias del principal.

El motivo de esta singularidad, en mi opinión, es también un concepto esotérico: pasado, presente y futuro son lo mismo. Por eso se pueden predecir los acontecimientos venideros, porque en realidad no lo son. También lo decía Valle: «Consideramos las horas y las vidas como yuxtaposición de instantes, como eslabones de una cadena, cuando son círculos concéntricos al modo que los engendra la piedra en el agua». Por lo que, «si volvemos los ojos a lo que pasó, sabremos lo venidero».

Así, Julio parece controlar el tiempo como un chamán de los pinceles y, en el lienzo, juega con él creando, entre los distintos planos, bucles cerrados. Son agujeros de gusano por los que volver una y otra vez, infinitamente, a los mismos puntos básicos del ser humano: a la única pasión primordial, a la única disyuntiva recurrente, al único trágico destino final.

Como esas novelas para público juvenil en las que el lector puede elegir opciones que lo van llevando de una página a otra, adelante y atrás, pero termina siempre llegando a idénticos pasajes, todas las combinaciones de las escenas de las composiciones del maestro cordobés y sus posibles interpretaciones vuelven siempre al principio. Como Úrsula, en *Cien años de soledad*, diciendo que la vida se repetía, que el tiempo solo daba vueltas. También lo explicaba el personaje de Tristán Ulloa al de Najwa Nimri en la película *Lucía y el sexo*: «La primera ventaja es que, cuando el cuento llega al final, no se acaba. Sino que se cae por un agujero... y el cuento reaparece en mitad del cuento».

Así, la adivinación no es tal, porque en realidad no hay nada que adivinar. Solo hay que ver el universo y la eternidad como Julio los ve y los expresa: La concepción cíclica de la historia que implica el concepto de «eterno retorno». Un momento condensa todos los momentos.

No quiero dejar de señalar que la interpretación de las cartas de la baraja española que están presentes en sus obras se antoja complicada, pues no solo el contexto en que aparecen es ambiguo, sino que además resulta imposible relacionarlas con otras (anterior, siguiente...); en algunos casos, ni siquiera queda claro si han salido hacia arriba o hacia abajo. En el cuadro comentado tenemos que cuestionarnos, incluso, si la mano que sostiene la baraja es de la sibila o de otra persona que se la entrega.

Lo que sí parece evidente es que Romero de Torres, en estos años, tuvo gran interés, al menos artístico, por la cartomancia. Hizo por las mismas fechas otro retrato de Carmen Casena con, igualmente, el cuatro de oros en la mano. Y esta disciplina aparece, como un pequeño detalle, en otra de las obras presentadas en 1912: *La consagración de la Copla*, una de las más maravillosas creaciones de toda la producción del artista y representación plástica del amor que Julio sentía por la copla y el flamenco.

Quizá sea la que muestra una mayor influencia del Renacimiento italiano, especialmente de la *Entrega de las llaves a san Pedro*, de Pietro di Cristoforo Vanucci, apodado el Perugino (por ser originario de la provincia de Perugia), que se encuentra en la famosa Capilla Sixtina. Así como de la obra que estaba en la postal que nuestro protagonista envió a su madre en 1908: *Los desposorios de la Virgen*, de Rafael (de quien Valle-Inclán, por cierto, decía en *La lámpara maravillosa* que había sido «el más maravilloso de los pintores»).

Pero en realidad podríamos relacionar esta composición con todas las obras que en aquel tiempo (Renacimiento) empezaban a desarrollar la perspectiva mediante la representación de amplios espacios abiertos rematados con arquitecturas. Igualmente, se distingue la influencia de la pintura barroca andaluza. Y Mercedes Valverde también lo ha relacionado con *La coronación de Napoleón*, obra del pintor francés Jacques-Louis David, de principios del siglo XIX, que también se llama… *La consagración de Napoleón*.

Si se fijan bien en las obras mencionadas, *La consagración de la Copla* es otro perfecto ejemplo de la capacidad de

Julio Romero para condensar todo lo que le interesaba de la historia del arte y darle un envoltorio personal (por así llamarlo, regional o, directamente —me permito la expresión—, «andaluz»).

Entiendo que el lienzo, que Valle-Inclán calificó como «lleno de emoción litúrgica, como una gran patena de oro», quizá fuera una especie de compendio que Romero de Torres quiso hacer: su flamante estilo personal, su ciudad, sus pasiones, sus influencias y sus amigos. Incluso sus aspiraciones sociales. En definitiva, su «obra total» hasta aquel momento de su vida.

Un amigo suyo, Manuel Abril, dijo que la imagen representaba una «calle ideal de Andalucía». Al fondo de la misma, con el río como decorado último, vemos dos tradiciones: a la izquierda, se celebra una procesión de la Virgen de los Dolores sin nazarenos, que parece haber salido de la iglesia de Santa Marina (la cual sirve como eje) y que tendrá su contrapeso en una escena de caballos, a la derecha, quizá referente a la feria. En un espacio previo, intermedio, y en relación con los del fondo, se desarrollan episodios de amor sacro y profano, pues uno representa a una mujer conversando con un sacerdote y la otra es una escena de cortejo.

Junto a ellos tenemos un buen ejemplo de la influencia y presencia de la escultura clásica en la obra de Romero de Torres: los toreros cordobeses Rafael Guerra Bejarano (Guerrita) y Rafael Molina Sánchez (Lagartijo) aparecen flanqueando el camino que lleva al templo como los dioscuros protegen la plaza del Capitolio en Roma. Y lo hacen con la silueta de dos obras icónicas: el Efebo de Anticitera y el *David* de Miguel Ángel, respectivamente.

Julio mezcla así Córdoba con otras encarnaciones materiales de eternidad, como Roma, Florencia y el mundo clásico, explicitando de qué fuentes bebe su pintura. Y no falta el aprovechamiento de uno de los pedestales para repetir la pose de la mujer taciturna en el quicio.

Esos resabios de la escultura antigua también se dejan ver en muchas de las poses de las diecisiete figuras que aparecen, en primer término, en lo que Fuensanta García llama una «ceremonia de confusión». Este grupo de personajes es además uno de los principales ejemplos de utilización por parte de Julio de la fotografía para llevar al lienzo a los retratados.

A la derecha, se representa otra vez el propio pintor, acompañado por Lagartijo, Pastora Imperio, Carmen Casena y Socorro Miranda. A la izquierda, también hay rostros conocidos, como Rafaelita Ruiz, Carasucia o Machaquito. En el centro, Adela Carbone preside la coronación a la Copla, que está encarnada por Amalia Fernández, a quien veremos en varias obras de esta década. Una vez más, la presencia de personajes religiosos otorga al cuadro un matiz irreverente; la capa pluvial, por cierto, muestra relación con el san Eloy de *La Virgen de los Plateros*, de Valdés Leal.

El documento familiar citado en un par de ocasiones sentencia así:

> *La Consagración de la Copla* era el cuadro plenamente revelador de la inspiración y de la personalidad de Romero de Torres. Es la copla en todos sus menores detalles y en su complejidad, la Musa única y constante de Romero de Torres.

Pero ya hemos señalado que tampoco sirvió de mucho. *Las dos sendas* y *La consagración de la Copla* fueron objeto, como tantas otras obras de Julio, de burlas o, cuando menos, protagonizaron ingeniosas caricaturas y viñetas; entre ellas, la que fue denominada *La condenación de la Copla*.

Julio Romero de Torres pintando a Machaquito junto al retrato de Pastora Imperio. Colección particular.

Mal de amores. Museo de Bellas Artes de Córdoba.
Colección Junta de Andalucía.

El genio y la inspiración. Real Círculo de la Amistad.

Amor místico y amor profano. Colección Cajasur.

La musa gitana. Museo Nacional Centro de Arte Reina Sofía.

La consagración de la Copla. Colección particular.

Córdoba guerrera. Museo Julio Romero de Torres.

Arcángel San Rafael. Museo Julio Romero de Torres.

Cante hondo. Museo Julio Romero de Torres.

La chiquita piconera. Museo Julio Romero de Torres.

Los gestos que estos personajes hacen con las manos empiezan a suponer todo un universo de difícil interpretación, aunque en algunos se aprecia una *maniera* leonardesca. Con mayor seguridad podemos analizar el hecho de que la galería de rostros de la sociedad cordobesa y madrileña que Julio representa en este cuadro tiene algunos reflejos simultáneos (también realizados por él) fuera del mismo.

Por ejemplo, la representación de Pastora Imperio es la combinación de un retrato de ella sola (en el que aparece envuelta en capote de paseo y que también fue llevado a la Exposición Nacional) con el cuerpo y pose empleados para la mujer del cartel de la feria de aquel año 1912. Es decir, *La consagración de la Copla*, el retrato de Pastora Imperio y el cartel son del mismo año; quizá no fuera casualidad que su debut en Córdoba tuviera lugar precisamente aquel agosto en el desaparecido Teatro Circo del Gran Capitán.

Algo similar ocurrió con la actriz Adela Carbone, que fue plasmada por Julio como protagonista de otra obra igualmente llevada a este certamen. Solo hay variación en las manos, que en el retrato sostienen una pequeña tanagra (estatuilla de terracota de origen griego) que, precisamente, a veces se utiliza para dar nombre al cuadro. Otro detalle más de la influencia de la escultura clásica en esta etapa del maestro.

Adela Carbone, por cierto, era cuñada del escritor Cristóbal de Castro, amigo de Julio, a quien también llevó al lienzo. Este autor, más o menos en los años en los que se realizaban las obras que venimos analizando, defendería al pintor y su estilo arcaizante:

> El arcaísmo, como el clasicismo, tiene una artificiosa apariencia y una honda y sempiterna realidad… El arcaísmo no es la moda ni el *magister dixit*, sino que es la renova-

> ción y el Renacimiento. Ningún pintor, ningún poeta, trajo revolución alguna al arte a no ser por las sendas del arcaísmo… Reprochar a Romero de Torres que evoque al Perugino o a Giorgione es no saber quién fue Giorgione o el Perugino o no saber qué cosa es reprochar […].

Pero mención aparte (presencia de la escultura antigua incluida) merece el retrato de Machaquito que comentamos al plantear si el artista era masón. Me refiero a *Machaquito como apoteosis del toreo cordobés*, idéntico, salvo en un detalle de la mano, al de *La consagración de la Copla*. Existen indicios de que a la Exposición Nacional de 1912 iba a llevar todas las obras mencionadas: *La consagración de la Copla, Las dos sendas, La sibila de la Alpujarra, Retrato de Pastora Imperio, Retrato de Adela Carbone* y *Machaquito como apoteosis del toreo cordobés*. Pero este último finalmente no participó; sospechamos que se debió a que el resultado no gustó al retratado.

Iglesia de Santa Marina.

En el reverso de una carta de octubre de 1911, Julio había esbozado el cuerpo del torero y la famosa obra escultórica *La Victoria de Samotracia*, uniendo, una vez más, un modelo que ya existía (fuera en su producción o en la de otros) con la cabeza de la persona retratada. La elección de este punto de partida nos da a entender cuál era la singular pretensión del resultado final.

En el lienzo definitivo, Machaquito se ubica en una idealizada plaza de la Corredera, espacio donde con anterioridad se habían celebrado espectáculos taurinos. Y aparecen los mismos monumentos de Guerrita y Lagartijo que veíamos en *La consagración de la Copla*. Pero, además, entre ambos hay un triunfo (monumento con columna) a san Rafael, el ángel custodio de Córdoba. Se suman, por tanto, ¡cuatro Rafaeles!

Resulta obvio que el universo taurino había también cautivado a Julio Romero. De hecho, no fue casualidad la elección de la iglesia de Santa Marina para articular *La consagración de la Copla*: es la collación tradicionalmente vinculada en Córdoba a la tauromaquia, debido a que en ella se encontraba el matadero.

Pero ya dijimos que el característico estilo que Julio iba definiendo evolucionaría, en gran medida precisamente reduciendo la carga italianizante. Empezamos a comprobar dicho proceso con dos de las obras enviadas a la siguiente Exposición de Bellas Artes, celebrada en 1915, que sería la última Nacional a la que concurriera.

Los artistas que ya hubieran obtenido primera medalla en anteriores Exposiciones Nacionales podían solicitar una sala para mostrar un conjunto de obras y, sin concursar, optar a medalla de honor. Había otros siete con esa condición, como su paisano Inurria, Rusiñol o López

Mezquita. Entre las creaciones que Julio llevó, estaban *Poema de Córdoba*, todavía en la línea anterior, o *El Pecado* y *La Gracia*, que es la pareja que nos interesa.

Aunque el conjunto de *El Pecado* y *La Gracia* expresa una idea similar a la de *Las dos sendas* o *Amor místico y amor profano*, saltan a la vista un par de singularidades, aparte de las variaciones estéticas. La primera es que nos encontramos ante dos lienzos diferentes. La segunda, que parecen narrar una secuencia: el antes y el después, la causa y el efecto, el pecado y su redención.

El Pecado. Museo Julio Romero de Torres.

El Pecado está influida por la *Venus del espejo* de Velázquez, pero, a diferencia del pintor sevillano, el cordobés plasmó en el espejo con absoluta nitidez la belleza de la protagonista; reflejo y desnudo que se encuentran entre los más hermosos del arte español del siglo XX. Sin embargo, si bien el esquema del desnudo remite a la *Venus del espejo*, la delicadeza del cuerpo de *El Pecado* me retrotrae a la *Odalisca* de Jules J. Lefebvre, fechada precisamente en 1874, año de nacimiento de Julio.

La Gracia. Museo Julio Romero de Torres.

La lectura del episodio resulta fácil: dos ancianas, a modo de alcahuetas, intentan convencer a otra (que bien podría encarnar a la Experiencia o a la propia protagonista) de los beneficios que pueden obtener de tal belleza. Mientras tanto, Carmen Casena ofrece una manzana, símbolo del pecado, que da nombre al cuadro. La fruta, por cierto, según me contó el ordenanzas del Museo Julio Romero de Torres, hizo que, en una ocasión, una niña preguntase dónde estaba «el cuadro de Blancanieves».

El espejo es un elemento clave, según Lourdes Moreno.

> Es un icono lunar, pues necesita recibir la luz al igual que el satélite de la tierra, y los espejos de mano son símbolos de la verdad: Como la luna, para el pensamiento del siglo XIX la mujer era un simple reflejo del mundo que la rodeaba. La femineidad era una fuente continua de fascinación para la propia mujer, porque mirarse a sí misma era su único contacto con la realidad…

La separación de ambas escenas en sendos lienzos no es casual, pues así resulta más coherente la ausencia del episodio intermedio: la materialización de ese pecado. En el segundo, se repite el esquema de las tres mujeres relacionadas con la protagonista y una cuarta algo menos próxima, cuyas manos sostienen igualmente un elemento que resume la escena: en este caso, azucenas, símbolo de la pureza. Mercedes Valverde afirma que, para este personaje, así como para la monja que se encuentra agachada, la modelo utilizada por el pintor habría sido su hija María.

El agotamiento y la pasividad inevitables del cuerpo todavía sensual podrían tener alguna connotación próxima a la cierta «necrofilia» que se ha querido ver en una etapa más avanzada del artista. Pero no deja de ser una combinación de pasión y muerte típica del simbolismo (combinación que, eso es cierto, en Julio irá en aumento), encarnada en toda una Piedad profana. Una Piedad con regusto a la de Miguel Ángel o a la de Enguerrand Quarton (de la que se conservaba una fotografía en el archivo familiar), y también al lienzo *Los funerales de Atala*, de Girodet.

La propia Lourdes Moreno recuerda a Carmelo Castaño, para quien estas obras no son moralizantes, pues «en *El Pecado* la cortesana está deslumbrante, en *La Gracia* deshecha y abatida, el mundo la ha vencido». Y no quiero dejar de señalar que en ambos casos la escena ocurre, una vez más, dentro de una estructura arquitectónica desde la que vemos un fondo exterior que vuelve a enseñarnos Córdoba: San Hipólito y Santa Marina, elementos recurrentes de su ciudad onírica e ideal.

Podemos resumir las últimas páginas diciendo que, si tomamos como referencias simbólicas los años 1904 (cuando logró la tercera medalla con *Rosarillo*) y 1915 (el de esta Exposición Nacional y su mudanza definitiva a Madrid), durante algo más de una década el maestro había ido definiendo un tipo de mujer, tanto en lo artístico como en lo social. Aunque visitó con frecuencia Córdoba y nunca eludió sus responsabilidades económicas (no solo con su esposa e hijos, sino con toda la familia), cada vez quedarían más lejos su boda, su paternidad y aquellos cuadros en los que Francisca miraba hacia el patio y aparecía su sobrina Julia.

Llevó al lienzo mujeres de piel pálida (como Socorro Miranda) o rubias (como la Rubia de Málaga), pero el modelo racial e incluso fibroso se convertiría en el típico y tópico. Él mismo diría en la entrevista de 1920: «He pintado a muchas. A todas en las que veo que parecen poseer algún rasgo de la raza». Y en un texto que parece haber sido escrito por Enrique para la *Enciclopedia Espasa* tras la muerte de Julio, se lee:

> «Las nenas que pinta Romero de Torres, aurinegras o con la palidez de la clausura, de vientre duro y miembros fluidos con el juego de los olivos por sangre, humor que las hace lámparas, siendo la llama su rostro de losas recónditas, con la demencia en las entrañas», escribió Sanchiz. El pintor de Córdoba es el artista actual que más acercó su obra y su manera al arte literario. Podrían recordarse muchas páginas escritas en torno a esa galería de mujeres —risteza, fatalidad, pasión, pecado, misticismo— que esmaltan la obra del pintor de Córdoba.

Y es que todas, al margen de su condición social, sus rasgos físicos y procedencia, encarnaban de una forma u otra un determinado espíritu de mujer. Un recorte conservado en el archivo familiar muestra una instantánea en la que el pintor posa en su estudio madrileño con muchas de sus modelos. En el pie de foto se resume esa idea muy acertadamente:

> Julio contempla el grupo, parlero y juvenil, de sus modelos. Andaluzas son ellas, todas y cada una, aunque hayan nacido muy lejos de «la tierra de María santísima»; pero es que el artista cenceño y gitano tiene en sus pupilas todo el sol de los campos andaluces y cada mujer, vista a través de su temperamento, es una faceta, diferente e idéntica, de la hembra andaluza.

De hecho, *El Pecado* y *La Gracia* es un conjunto que ejemplifica la senda que había tomado la estética de Julio en lo que se refiere a los tonos y las texturas, pero también en el avance firme hacia la reafirmación de ese estereotipo. Evoluciones ambas que podemos explicar más claramente a través de la comparación de dos obras que pertenecen al grupo de la supuesta oposición de contrarios: *Ángeles y Fuensanta* y *Rivalidad*.

La primera de ellas, todavía correspondiente a la época de las figuras hieráticas, participó en la Exposición Nacional de 1910 junto con *Retablo del amor* y fue comprada por el Ayuntamiento de Córdoba por suscripción popular como desagravio por el rechazo oficial sufrido.

Ángeles y Fuensanta. Museo Julio Romero de Torres.

Representa a dos mujeres observadas por un personaje masculino que se encuentra en la lejanía, sugiriendo, esta vez sí, una conexión y simultaneidad entre las escenas del primer plano y la del fondo. Lo que no sabemos es quién espera a quién (si él a ellas o ellas a él), pero parece que fuera el hombre quien debiera elegir entre esas dos sendas.

En este caso, apenas existe la habitual diferencia entre ambas figuras, aunque algunos detalles (como la luz y el hecho de marcar los senos y otras curvas mediante la ropa en la figura de la izquierda) nos recuerdan a las sutilezas de *Amor místico y amor profano*, de la que sería casi contemporánea. También evoca, por cierto, a Tiziano.

No podemos olvidar la tercera figura femenina que entra misteriosamente en escena a través del medallón o camafeo, así como la curiosa firma del autor en la carta, que podría no solo ser un aprovechamiento de un espacio en blanco, sino hacer referencia a que el pretendiente fuese el propio pintor.

Ángel Pasamontes, con quien, como he dicho, visité el Museo Julio Romero de Torres, señaló un detalle que yo siempre había pasado por alto: la forma de V que dibujan los cuerpos de ambas mujeres y en la que se ubica, no casualmente, el hombre. Es el triángulo que señala hacia abajo, símbolo universal de la feminidad y que ha sido utilizado por artistas de todas las culturas desde tiempo inmemorial.

Llegados a este punto, se me antoja que quizá no estemos ante dos mujeres que pretenden al mismo hombre o entre las que él se encuentra indeciso, sino dos mujeres que en realidad son la misma. Es decir, puede que lo que Julio nos muestre sean dos aspectos o energías de una sola mujer que luchan o sencillamente coexisten en adecuado equilibrio: opuestos que, una vez más, se complementan.

Esta idea, que además encajaría con el hecho de que las representadas sean muy parecidas entre sí, podría extenderse a otras obras del pintor relativas a las «dos sendas» o a disyuntivas entre diferentes mujeres.

En *Rivalidad*, pintada en 1925, tanto el título como la imagen son mucho más explícitos. Atendiendo a la gestualidad de las modelos, podemos decir que corren o descorren la cortina de la, una vez más, presente arquitectura-marco, y una de ellas parece desperezarse sensualmente ante la mirada lánguida, quizá envidiosa, de la otra. El hombre está simbolizado por el sombrero en el suelo, que, además, presagia la muerte si atendemos a la simbología taurina. Las protagonistas se encuentran rodeadas de una serie de elementos con connotaciones sexuales, sin poder faltar, ni siquiera estando desnudas, el gran fetiche: los zapatos.

Una de ellas fue Margarita Goudoun (el apellido puede encontrarse escrito de muchas formas), artista rusa que, según leí a María del Mar Ibáñez, se ofreció al pintor como modelo al llegar a Madrid tras haber visto un cuadro suyo en Barcelona. Para pintarla, Julio utilizó una fotografía realizada en un estudio de la capital, en la que se encuentra tumbada y desnuda. Siendo, probablemente, el caso más conocido de instantánea utilizada por el maestro con este fin.

En una ocasión debí comprobar el estado de este lienzo a su regreso de una exposición, y me llamó la atención encontrar en su parte posterior diversas etiquetas y adhesivos que hacían referencia al Museo Nacional de Bellas Artes de Buenos Aires. Sabía que había sido comprado por el médico argentino Arturo Uriarte en una fecha próxima a la muerte del autor, pero no que hubiera recalado en esta institución. Luego descubrí que, efectivamente, el cuadro pasó en ella varias décadas, y, cuando se cumplió el depósito, los herederos de Uriarte subastaron la obra.

Rivalidad. Colección particular.

Pero, más allá de curiosidades, lo que nos interesa es que estos lienzos de temática y esquema similares nos son extremadamente útiles para comparar las dos fases dentro del estilo de madurez del pintor y sus correspondientes formas de plasmar a la mujer: *Ángeles y Fuensanta* (1909) se sitúa en una época más italianizante y de tonos «pastel», mientras que *Rivalidad* (1925) muestra la evolución del tipo femenino representado por Julio y la depuración hacia un simbolismo cada vez más esencial sobre el que nos extenderemos en el cuarto bloque.

Pero todas son mujeres atemporales que condensan situaciones universales y energías femeninas, ya estén representadas a través de un personaje o de dos. Margarita Nelken, siempre tan acertada en sus sentencias, lo expresaba así: «Las mujeres de Romero de Torres están más allá de los tiempos y más allá de las edades. Todas ellas viven sin época y sin transformaciones aparentes, como el alma en su unidad».

Rivalidad. Colección particular.

Como dijimos al principio, este tipo de creaciones, desde una lectura superficial, podría parecer machista, pero es probable que algunas fueran justo lo contrario. De hecho, he guiado muchas visitas en el Museo Julio Romero de Torres y he comprobado que su pintura fascina más a mujeres que a hombres. Quizá porque ellas, normalmente más perceptivas, tienen esa capacidad que en *Cien años de soledad* se atribuía a Melquíades de «ver el otro lado de las cosas».

Una de estas mujeres, que vivía en Córdoba pero había nacido y crecido en el norte de España, me comentaba que, la primera vez que contempló las obras de Romero de Torres, pensó: «En sus mujeres, pinta a Córdoba». Y, efectivamente, hay una identificación entre mujer y ciudad. Lourdes Moreno se extendía también sobre esta idea:

> Córdoba, según Romero de Torres, es la encarnación de la mujer. Es una ciudad femenina y oculta en su interior lo mejor de sí [...]. El aire melancólico que otorga a los paisajes cordobeses establece un paralelismo con el aspecto ensimismado y silencioso de sus mujeres.

Y, al igual que Margarita Nelken, comparaba el alma de estas con un patio, con la belleza del jardín oculto, contenida y discreta, como la vida interior de esas mujeres de las que solo sabemos lo que nos cuentan sus ojos: «Tras la austera fachada, guardiana celosa de la intimidad familiar, se ocultan patios y jardines».

Moreno rescata, además, una anécdota que contaba el periodista Corpus Barga (Andrés García de la Barga y Gómez de la Serna, oriundo de la cordobesa localidad de Belalcázar), amigo de Julio, ambientada en un paseo nocturno que ambos habrían dado por Córdoba.

En él, fueron pasando por delante de diversas casas donde vivían diferentes modelos del pintor, a las que entraron a visitar. Concretamente, una que le servía de modelo para los pies; otra, para los brazos, y otra, para los ojos. Por ejemplo, la de los brazos («¡Qué brazo bonito, pero bonito de verdad!», se supone que habría dicho el propio artista) se llamaba Remedios, vivía en la plaza de los Dolores y afirmaba no estar visible: «Don Julio, que tengo jaqueca y no estoy *peiná*». Pero el maestro la convenció astutamente para que diera la mano a su amigo desde detrás de un biombo. Y explicaba a Corpus Barga que, con esas preciosas partes de todas ellas, estaba pintando una maravillosa mujer.

Al día siguiente, Andrés pudo comprobar en el estudio de los Romero de Torres que el lienzo aglutinaba «el pie, las manos, los ojos, los diferentes trozos de Córdoba que había visto la noche anterior desperdigados en sus calles». Estaba ante una mujer perfecta construida con partes de muchas mujeres. Al igual que en el fondo de la composición había una ciudad ideal hecha con fragmentos de la ciudad real. Corpus Barga entendió ese día una de las claves: Julio pintaba a Córdoba como a una mujer.

LIENZO 3
La ciudad

Especialmente dedicado a Jesús Cabrera, con quien tantas veces he paseado por esa Córdoba.

Iglesia de San Lorenzo. Córdoba.

«Córdoba. Lejana y sola».
Federico García Lorca

Charles Baudelaire, uno de los más destacados nombres del simbolismo, escribía que «su París» había desaparecido y explicaba que las ciudades cambian de forma más rápido que los corazones. Efectivamente, la estática memoria emocional queda desbordada por el vértigo de las alteraciones externas de la vida, y una de las dimensiones en las que este hecho resulta más patente es en los espacios físicos urbanos. Quizá por eso Julio Romero de Torres, que vivió tiempos de grandes cambios en su ciudad, inmortalizó en el fondo de muchas obras una Córdoba esencial y eterna.

Recordemos que nuestro protagonista nació en 1874 y falleció en 1930. Este ajetreado margen temporal, que conoció nada menos que cuatro decenas de alcaldes y en el que prácticamente moría una urbe y nacía otra nueva, es ampliamente tratado por Juan José Primo Jurado en *La Córdoba de Julio Romero de Torres*. Uno de los datos más indicativos que rescata es demográfico. En 1877 (tres años después de nacer el pintor), la ciudad tenía 49.755 habitantes censados. En 1930, la población llegaría a ser de 103.106 habitantes. Podemos decir que, durante la vida de nuestro protagonista, la población se multiplica casi exactamente por dos.

Otro gran cambio fue, evidentemente, la llegada del ferrocarril a mediados del siglo XIX. Esta provocó una serie de reformas, siendo la más significativa la apertura de la avenida del Gran Capitán, cuyo proyecto último, que no se consumó, era mucho más ambicioso: pretendía unir la estación (la antigua, próxima a la actual) con la catedral y el puente (único entonces), creando un gran eje norte-sur que atravesaría la ciudad. Sin embargo, diversos movimientos y gestiones en defensa, por ejemplo, de la iglesia de San Nicolás de la Villa, consiguieron evitarlo. Como ya habrá dado por hecho el lector, uno de los protagonistas de estas acciones para proteger del patrimonio histórico fue Rafael Romero Barros.

Plaza del Potro vista desde el extremo sur.

Incluso el espacio físico que solían habitar los Romero de Torres, de un carácter tan atemporal como la plaza del Potro, sufrió diversos cambios en la época. El enclave se encuentra en la gran zona llamada Ajerquía o Axerquía («lo del este», pues está al este de la medina o villa). Y su historia anterior había estado vinculada especialmente al mercado que también daría sobrenombre a la calle San Fernando (calle de la Feria), cuya actividad todavía perdura, en parte, en la cercana plaza de la Corredera.

Debemos detenernos un momento para imaginarnos cómo sería dicho ambiente. Aún recuerdo el ejercicio de sugestión y sinestesia (puro simbolismo) que el medievalista Juan Bautista Carpio nos hizo disfrutar durante una conferencia que impartió en la propia Posada del Potro dentro de «El mes de Julio Romero» de 2017. En ella repasó cómo sería la plaza siglos atrás: cómo sonaría ese bullicio, cómo olería, cómo se vería… Desde entonces, lo que me viene a la cabeza cuando pienso en el Potro es el mercado en el que comienza la película *El perfume: historia de un asesino,* inspirada en la novela homónima.

En aquel tiempo aún no existía el despejado espacio hasta el Guadalquivir, que se abriría al eliminar, ya en vida de Julio, la Posada de la Madera. Me refiero al tramo que va desde la calle Lineros, por la que pasa el tráfico rodado, hacia el sur (hacia el río). Actualmente, está ocupado por veladores y oficialmente no es parte de la plaza del Potro, sino que tiene el nombre, precisamente, de Enrique Romero de Torres (es la calle que Angelita comentaba en su carta al alcalde Antonio Cruz Conde). Por otro lado, antes de que Isabel y Fernando, a finales del siglo XV, fundasen el Hospital de la Caridad (donde se instalaría el Museo de Pinturas), la plaza sería, evidentemente, mucho más ancha. Es decir, antiguamente era más corta en su sentido norte-sur y más amplia en el este-oeste; por tanto, mucho más cuadrada que ahora.

El bullicio artesanal y el trasiego mercantil la convirtieron en un espacio de pícaros, viajeros y prostitutas del que se hicieron eco plumas como las de Quevedo, Góngora (que popularizaría la expresión «Que yo soy nacido en el Potro») o Cervantes, que en un pasaje de *El Quijote* lo incluye entre los barrios con peor fama de Castilla:

> Quiso la mala suerte del desdichado Sancho que entre la gente que estaba en la venta se hallasen cuatro perailes de Segovia, tres agujeros del Potro y dos vecinos de la Heria de Sevilla, gente alegre, bien intencionada, maleante y juguetona.

La mención cervantina se recuerda en unos azulejos colocados en la fachada del Museo de Bellas Artes en 1917 por iniciativa de Enrique:

> El príncipe de los ingenios de España, Miguel de Cervantes Saavedra, de abolengo cordobés, mencionó este lugar y barrio en la mejor novela del mundo.
>
> Varios cordobeses con amor de paisanos y con veneración de españoles dedican este recuerdo al insuperable escritor.
>
> MCMXVII

La referencia al «abolengo» se debe a que el abuelo paterno de Miguel de Cervantes era cordobés, y consta que el autor de *El Quijote* viajó en muchas ocasiones a Córdoba. Hay quien defiende que incluso pasó en la ciudad gran parte de su infancia. Fuera así o no, el aprecio era bidireccional: él se calificó como «natural de la ciudad de Córdoba» (expresión que no necesariamente se refería al lugar de nacimiento), mientras que la plaza del Potro no solo se adornó con los mencionados azulejos, sino que se llamaba en ese tiempo… plaza de Cervantes.

Azulejos en la fachada del antiguo Hospital de La Caridad que hacen referencia a la mención a la plaza del Potro en *El Quijote.*

Enrique (volvemos a la conferencia de Juan Bautista) consiguió que en 1924 el conjunto fuera declarado monumento histórico-artístico y luchó por salvar de su decadencia el edificio de la Posada del Potro (frente al Museo de Bellas Artes), intentando que el Ayuntamiento o el Estado la adquirieran. Además, pretendía que se crease, en el edificio adyacente (que había sido segregado de la misma en el siglo XIX), un centro cultural que se llamaría Casa de Cervantes.

La antigua fonda, única superviviente de las muchas que hubo por la zona, ofrece una curiosa leyenda que explicaría el nombre de la misma, así como de la plaza y la fuente que en ella se encuentra. Según este relato, siglos atrás, un oficial del rey Pedro I el Cruel habría pernoctado en la posada y habría sorprendido al posadero intentando asesinarlo mientras dormía para quedarse con sus bienes. El rey, haciendo honor a su apodo, habría venido hasta Córdoba y, tras comprobar que el anfitrión era un criminal, ordenaría desmembrarlo atando sus extremidades a dos o cuatro caballos (depende de la versión), que habrían tirado de su cuerpo en direcciones diferentes. Para que este hecho no cayera en el olvido y mantuviera su efecto disuasorio, el monarca mandaría erigir una estatua con este animal: esa sería la que hoy conocemos como fuente del Potro, nombre que se habría extendido a plaza y posada.

Fachada exterior de la Posada del Potro.

La historia dicta, sin embargo, que tanto el edificio como la fuente son posteriores al reinado de Pedro I. Y se han relacionado el origen de la fuente y el nombre de la plaza con el mercado caballar que allí existiría, así como con un mesón donde se recaudaba la alcabala de dichas transacciones. Siguiendo con esta herencia equina y el trasiego de viajeros, se ha planteado que la posada llegase a funcionar como una especie de casa de postas.

Los cambios ocurridos en tiempos de Julio fueron fundamentales para darle su aspecto actual: ya hemos dicho que desapareció la Posada de la Madera y, de esta forma, se prolongó la plaza hasta el río (tomando luego ese tramo el nombre de Enrique Romero de Torres). Pero, además, la fuente, que anteriormente se encontraba donde ahora vemos el pequeño Triunfo de San Rafael, se había trasladado a su emplazamiento actual (frente a los museos) a mitad del siglo XIX, mientras que el monumento al arcángel ocuparía en 1924 el vacío que aquella dejaba al sur de la plaza. El Triunfo se trajo desde la no casualmente llamada plaza del Ángel, que, al perder su referente escultórico, cambiaría su nombre a plaza San Ignacio de Loyola (conocida por los cordobeses como plaza de San Hipólito, por la iglesia que allí se encuentra).

Parte de ese ambiente picaresco y legendario, con indudable presencia de la prostitución, aún resonaba en tiempos de los Romero de Torres, teniendo ello una evidente influencia en las obras de Julio (por ejemplo, en *Vividoras del amor*). Otro factor que podría haber sido relevante es la proximidad al barrio de Santiago (nombre tomado de la parroquia respectiva), que tradicionalmente había sido el de las brujas y hechiceras de la ciudad.

Al igual que reflexionamos cuando hablábamos del

concepto de «lo femenino» en algunos ámbitos esotéricos, en este texto no nos incumbe valorar la credibilidad o eficacia de ciertas prácticas. De hecho, en *Paseos por Córdoba*, Teodomiro Ramírez de Arellano se muestra absolutamente incrédulo respecto a ellas, pero no por ello deja de señalar ampliamente este cariz brujeril del barrio en cuestión y cuenta que él mismo fue a desenmascarar, junto con unos amigos, a una supuesta adivina que vivía en la calle de los Tintes.

Es decir, la cuestión no es si creemos o dejamos de creer en estos asuntos, sino que, en aquel entonces, tenían lugar todavía no lejos de la plaza del Potro, y quizá ello influyera en aspectos de sus cuadros, como la antes comentada cartomancia.

Imagen actual de la portada sur de San Nicolás y San Eulogio de la Ajerquía.

Ahora bien, la parroquia que englobaba la plaza del Potro era otra: la de los Santos Nicolás y Eulogio de la Ajerquía. En ella fueron bautizados todos los Romero de Torres (a excepción de Eduardo). Nuestro protagonista lo fue el 11 de noviembre de 1874, dos días después de nacer en la vivienda familiar, por el presbítero coadjutor D. Teodoro de Prada y Gómez. Su nombre completo de bautismo fue Julio Manuel Antonio Rafael Teodoro de la Santísima Trinidad, siendo padrino su abuelo paterno.

Pero el lector se extrañará al recordar que, viviendo siempre en la misma casa, hemos dicho que la boda de Julio y el bautizo de Rafalito tuvieron lugar en una parroquia llamada San Francisco y San Eulogio. Además, no encontrarán esta parroquia (Santos Nicolás y Eulogio). Aclaremos todo:

Fernando III el Santo había conquistado Córdoba en 1236 y, tras ello, ordenado la creación de catorce parroquias con el fin no solo de cristianizar, sino también de gestionar mejor la ciudad. Siete de ellas estarían en la villa, y las otras siete, en la Ajerquía, espacios separados por el actual eje de calle Alfaros y calle San Fernando. Nos interesa la zona de la Ajerquía, en la que se conservan la mayoría de los templos, muchos de ellos ubicados en el emplazamiento de antiguas mezquitas: San Andrés, San Pedro, San Lorenzo, Santa Marina, Santiago y la Magdalena (esta última, desacralizada). El único perdido casi en su totalidad es el de San Nicolás de la Ajerquía, parroquia así llamada para diferenciarla de San Nicolás de la Villa y que se encontraba entre las famosas Bodegas Campos y el río.

Como bien relata *Paseos por Córdoba,* escrito cuando aún existía, luego tendría una dedicación añadida a la de San Nicolás:

> Cuantos escritores se han ocupado de esta iglesia, convienen en que fue mezquita en tiempo de los árabes, y que el Santo Rey Fernando III la hizo parroquia, dedicándola á San Nicolás de Bari, habiéndole aumentado el título de San Eulogio á petición del Rector de la misma Hernán Pérez, por decreto del Obispo D. Fray Diego Mardones, su data á 4 de Marzo de 1642.

Y allí, en la iglesia parroquial de los Santos Nicolás y Eulogio de la Ajerquía, se bautizaron, entre 1865 y 1880, los siete hermanos Romero de Torres nacidos en Córdoba, como bien reflejan sus respectivas partidas de bautismo. Pero, en tiempos de nuestro protagonista, esta parroquia de los Santos Nicolás y Eulogio sería trasladada al antiguo monasterio de San Pedro el Real, junto al Hospital de la Caridad, dedicándose (otra variación más) a san Francisco y san Eulogio. Y fue allí donde hemos dicho que, años después, se bautizaría Rafalito y Julio se casaría con Francisca. Además, el hecho de que en la partida de bautismo de Rafalito se señala que su padre (Julio) se había bautizado en la misma parroquia nos indica la continuidad de esta a pesar del traslado y de haber cambiado parte de su dedicación.

Las mencionadas iglesias de Santa Marina o San Lorenzo fueron, junto con San Hipólito, quizá los templos cordobeses más representados por Julio en sus obras. Ya hemos visto anteriormente que Santa Marina aparece en *La consagración de la Copla*. Pero el ejemplo más curioso, sin embargo, probablemente sea la imagen de San Lorenzo en *Siguiriya gitana*, fechada en torno a 1920 y que durante un tiempo se llamó, por error, *Mal de amores*.

Para ella posaron Amalia Fernández (Amalia la Gitana) y Conchita Castillo, amiga de las hijas del pintor, cuya familia vivía en la calle San Francisco, que sería la protagonista de otros lienzos, como *Carcelera*. La escena secundaria parece referirse de nuevo a pasión y muerte, con un féretro que recuerda al de *Amor místico y amor profano*, pudiendo incluso intuirse, bajo el sombrero del personaje masculino de la derecha, la cara del propio Julio. San Lorenzo, que se mezcla al fondo con un cementerio acorde al trágico acontecimiento, aparece con el pórtico tapiado. Pues bien, eso no es parte de la recomposición hecha por el artista: la iglesia estuvo realmente así por motivos de salubridad.

Volviendo a la imagen que tenía la plaza del Potro, el propio Museo de Bellas Artes sufrió modificaciones referentes a su aspecto exterior, sobre todo por diversas acciones que Enrique comenzó a llevar a cabo desde 1915. Una de las más señaladas fue el descubrimiento del característico pórtico de la fachada del lado este del hospital, que, como la arquería de San Lorenzo, los Romero de Torres habían conocido siempre tapiado.

Siguiriya gitana. Colección particular.

Azulejos en el acceso a un bloque de pisos cercano a la iglesia de San Lorenzo, en los que esta es representada con los arcos tapiados.

Un documento de 1941 vinculado a la jubilación de Enrique recuerda que en 1919 se liberaron 15.226,05 pesetas «para la restauración de la portada plateresca que descubrió el Sr. Romero de Torres y para la verja de la misma». Desde aquel momento, la Santa Madre, a la que la prensa local se refería como «esa venerable anciana rodeada de una aureola de todas las virtudes», saldría por las noches antes de dormir, junto con sus hijas y nietas, a rezar un padrenuestro al crucifijo que se encuentra en dicha portada.

El mismo documento señala la compra, en 1925, de la casa «que pisaba sobre la entrada del museo, para hacer a este una portada digna, ensanchando al mismo tiempo el edificio»; así se ganaba espacio para algunas dependencias, como un despacho destinado al director (Enrique), y se podía dar a la heterogénea fachada una cierta coherencia, partiendo de la estética de esos dos arcos recuperados. María Dolores García, que ha realizado una tesis sobre los orígenes del Museo Julio Romero de Torres, lo expresa así en un artículo titulado «Arquitectura y funcionalidad del Museo Julio Romero de Torres de Córdoba en la década de los treinta»:

> La solución que daba el arquitecto para terminar con esta variedad de acabados fue la de reproducir el lenguaje de la «parte existente» en el resto de paramentos. [...] hablamos de búsqueda de «inspiración» —término que emplea el proyecto— en las fachadas y portadas de la casa del Marqués de la Fuensanta del Valle, del Hospital de Agudos, de la iglesia de San Pedro de Alcántara y, principalmente, en el pórtico del Museo restaurado, con el que se pretendía establecer una rima estilística.

Pero, cuando en 1930 murió Julio, este proyecto aún no estaba terminado, y la familia decidió donar a la ciudad la obra del pintor, que estaba repartida entre la vivienda familiar, su estudio de Madrid y, sobre todo, la Casa de Córdoba de la Exposición Universal de Sevilla celebrada en 1929. Ello cambió los planes de uso. Apenas año y medio después del triste suceso, el 23 de noviembre de 1931 ya se inauguraba el nuevo «Museo» Julio Romero de Torres (en realidad, parte del Museo de Bellas Artes). Se hizo colocando esa cincuentena de obras de forma abigarrada en el pabellón del siglo XVIII que había a la derecha del patio (aquel donde dijimos que se reunía la Real Academia).

Arquería recuperada por Enrique Romero de Torres y crucifijo al que salía a rezar todas las noches Rosario de Torres.

Y se empezó a pensar (incluso antes de completar las obras) en comprar la casa siguiente para agrandar este nuevo espacio dedicado a Julio. El mismo documento del archivo familiar señala que, a finales de 1934, «se adquirió la casa número 5 de la plaza del Potro, para ampliación del pabellón del Museo Julio Romero de Torres». Y que el 19 de febrero de 1935 se libraron 48.375,65 pesetas «para las obras de ampliación del Museo Julio Romero de Torres», que sería inaugurada el 24 de mayo de 1936.

No quiero extenderme sobre estos hechos, que no corresponden a la vida del protagonista, pero considero importante remarcar o anticipar algunas ideas:

El Museo Julio Romero de Torres es una entidad cuya colección nació de la donación de su viuda e hijos al pueblo de Córdoba tras la muerte del pintor, y ocupa un espacio junto a la casa familiar: el pabellón que usaba la Real Academia y al que se unieron las dos casas que, como hemos señalado, se compraron sucesivamente (una antes de morir el pintor y otra después).

Ambas adquisiciones (y esto es lo que más nos interesa, pues venimos hablando de la plaza) permitieron dar una cierta unidad estética a la fachada exterior del conjunto con un estilo que podríamos calificar de neoplateresco, siguiendo la línea del plateresco de los arcos de la fachada del antiguo hospital.

En origen, el Museo Julio Romero de Torres no fue un ente independiente, sino parte del Museo de Bellas Artes; hoy sí son dos museos distintos que permanecen inmóviles en lo que a espacios se refiere: el Museo de Bellas Artes está ubicado a la izquierda del patio grande, mientras que el de Julio se encuentra a la derecha.

Una de las obras del maestro más expresamente relacionadas con estos espacios es *La niña de la calle Armas* (también conocida como *La niña de las naranjas*), realizada desde una ventana del edificio del Museo de Bellas Artes hacia la calle así llamada. En *Paseos por Córdoba* se explica que dicho nombre es debido a

> […] la reunión de personas dedicadas a aquella industria, un tiempo muy floreciente en Córdoba y hoy reducida a un sólo taller de cuchillería. Aquí se elaboraban no sólo navajas, cuchillos y puñales de muy buen temple, sino espadas, alabardas, lanzas y arcabones a la altura de los mejores de su tiempo.

De forma más general, habla también sobre la intensa actividad de la collación de los Santos Nicolás y Eulogio, destacando la creación de la Escuela Provincial de Bellas Artes:

> La mayoría del vecindario de este barrio es de industriales, y no hay más que recorrer sus calles para convencerse de esta verdad: allí vive la mayor parte de los plateros de Córdoba; tiene muy antiguas y buenas fábricas de curtidos, talleres de guarnicioneros, y cuenta con otros varios de las demás artes y oficios, teniendo además casi todo el comercio de adobo y encubaje de aceitunas; los padrones antiguos demuestran lo mismo, pudiendo asegurarse por lo tanto, que es el barrio más industrioso de Córdoba, hasta con la suerte de que en su recinto se haya establecido la Escuela de Bellas Artes.

Podemos volver a *La Córdoba de Julio Romero de Torres* para recordar que la Academia, que se reunía en el mencionado flanco sur del Hospital de la Caridad que luego albergaría el Museo Julio Romero de Torres, había sido fundada en 1810, por lo que «en época de Julio Romero celebró su primer centenario y en 1915 incorporó a su título el de Real, por concesión de Alfonso XIII».

Pero también había vida cultural fuera de la plaza del Potro. Por ejemplo, el Gran Teatro se inauguró en 1873, aunque no fue el único espacio escénico de la ciudad, pues se sucedieron varios, entre los que quiero mencionar el

Teatro Cómico o Principal, que actualmente está en funcionamiento. Inaugurado a principios del siglo XIX, en 1874 (año del nacimiento de Julio) fue vendido y remodelado por completo. Sin embargo, en 1892 un incendio lo arrasó y no recuperó su actividad hasta un siglo después.

La niña de la calle Armas. Colección particular.

Fachada exterior tras las intervenciones (imagen actual).

Y corresponde detenernos un momento en el también comentado Real Círculo de la Amistad, que tan vinculado estuvo a la vida del artista y sobre el que Juan José Primo Jurado también se extiende. Este fue su origen:

> El sábado 31 de diciembre de 1853 quedó inaugurado el Casino Cordobés, germen del Círculo de la Amistad. Se ubicaba en el café Puccini, calle del cabildo Viejo número 6, hoy Ambrosio de Morales. [...] Gentes de la burguesía en su mayoría, de la aristocracia en minoría y de la escasa alta clase media, o pequeña burguesía, que apostaron por esa frondosa línea de la cultura. [...] En el acta de la Junta General del 19 de enero de 1854 se reflejó la decisión del traslado de la sociedad a un local distinto del café Puccini. Así surgió el Círculo de la Amistad, formado por ciento treinta y dos socios e inaugurado el 31 de mayo de 1854 en un local arrendado dentro de las dependencias del Liceo Artístico y Literario, ubicado en el antiguo convento de Nuestra Señora de las Nieves.

Acceso al conjunto tras las intervenciones.

La confitería y pastelería suiza de los hermanos Puzzini (llamada habitualmente café Puccini o café Suizo) era propiedad de la familia así apellidada, uno de los cuales mencionamos al hablar de la masonería en Córdoba. También eran dueños del Hotel Suizo, que se encontraba en la plaza de las Tendillas y sería demolido para la reforma del espacio. A menudo hay confusión a la hora de citar el café y el hotel, pues este último también incluía espacios frecuentados por cordobeses.

Entre los parroquianos habituales, se encontraba, por supuesto, Julio. Incluso hay un papel impreso con el sello de uno de estos negocios que tiene apuntes preparatorios de *Amor místico y amor profano.* El pintor también era un asiduo del café Político, el Gran Capitán, el San Fernando, la taberna El Bolillo, el Club Guerrita o el Círculo de Labradores.

Uno de los vectores que no quiero olvidar en lo referente a la sociedad cordobesa de aquel tiempo es la Feria de Nuestra Señora de la Salud, de la que Julio diseñó varios carteles. Y que siempre plantea, sobre todo en foráneos, la cuestión de qué relación tiene esa Virgen con Córdoba.

Entrada al Museo Julio Romero de Torres.
Al fondo, puerta de la casa familiar.

La actual feria es, explicándolo de forma simplificada, la asimilación o fusión de la antigua feria de ganado o mercado medieval con una tradición religiosa que era igualmente festejada. Según esta última, el 25 de mayo de 1665 se encontró una pequeña talla de la Virgen en un pozo frente a Puerta de Sevilla. Las aguas del pozo resultaron ser curativas, y de ahí la advocación que se le dio y la construcción de la ermita. Durante mucho tiempo hubo festejos en torno a Pentecostés, que era cuando habría tenido lugar la consagración del templo. Pero finalmente se fijaron en el final de mayo para conmemorar la fecha del hallazgo.

Aquella romería o verbena (una de las varias que había en Córdoba) se fundió con la antigua feria, que había tenido varias ubicaciones. El evento se asentó en el campo de la Victoria, zona del actual paseo de la Victoria, entre otros motivos, porque era un lugar cercano tanto a la propia ermita como a la plaza de toros de aquel momento (en 1994 la feria se trasladaría a un recinto a las afueras de la ciudad).

Si bien el emplazamiento en los jardines de la Victoria es anterior a la vida de Julio, la fecha de final de mayo y la dedicación definitiva a la Virgen de la Salud sí tienen lugar durante no solo su vida, sino la etapa en la que pinta los carteles.

Según el libro *Tiempo de Feria*, publicado por el Archivo Municipal de Córdoba, Julio realizó los originales de los carteles de la feria de Córdoba de los años 1896, 1897, 1902, 1905, 1912, 1913 y 1916. Normalmente se empleaba para ello la técnica del temple o de lápiz sobre lienzo. Las adjudicaciones solían hacerse mediante concursos, y los grandes formatos de las impresiones definitivas provocaban que tuvieran que producirse fuera de Córdoba (Madrid, Sevilla, Zaragoza y, sobre todo, Valencia).

Cartel de feria de mayo de 1913. Museo Julio Romero de Torres.

Estos diseños coinciden con la vuelta de Julio a Córdoba tras su primera etapa en Madrid debido al fallecimiento de su padre. En los años siguientes, antes de saltar al estrellato, llevará a cabo todo tipo de trabajos para mantener a la familia: desde la ilustración hasta la restauración de los artesonados de la Mezquita, pasando por la colaboración en la decoración arabesca de la Casa del Bailío (actual Biblioteca Viva de Al-Ándalus), las bóvedas de la parroquia de Nuestra Señora de la Asunción de Porcuna, los murales del Real Círculo de la Amistad o estos carteles.

Pero, por si quedaba alguna duda, su partida de matrimonio en 1899 dice claramente que era «de profesión, pintor al Óleo».

Entre los fondos utilizados en sus carteles de festejos, hay algunos genéricos, que probablemente presentaría a concursos en más de una ciudad. Pero, en otros, sí representa a Córdoba, encontrándonos (cartel de 1897) un precedente de la que será su forma personal de plasmar la ciudad o sumergiéndonos ya plenamente en ella sin reparos (como en el de 1912). También hay alguna curiosa escena cortejo (el mismo de 1897), antecedentes de sus características miradas (1902 o 1906) e insinuaciones de representación de los dos tipos de amor (1913, justo tras realizar *Las dos sendas*, y 1916, tras *El Pecado* y *La Gracia*).

A fin de cuentas, la de los carteles es una historia paralela a la de sus cuadros en general. Por ello, la interrelación con obras concretas de otro tipo es evidente. Por ejemplo, el de 1905 muestra cierta influencia oriental (farolillos y mantón) que nos hace recordar las *Geishas*. Una de las mujeres del cartel de 1913 guarda similitud con *Flor de Santidad*, y la del cartel de 1912, con Pastora Imperio en *La consagración de la Copla*; además, este último tiene al fondo caballos, que también aparecen en *La consagración* y en el algo posterior *Poema de Córdoba*.

En los más antiguos de los realizados por el maestro (los dos del siglo XIX), el evento aparece todavía anunciado como «Gran Feria de Ganados». Ya en los del siglo XX, lo hace como «Feria de Nuestra Señora de la Salud», incluyendo la exposición de ganados como uno de los variados segmentos de la actividad. Casualidad o no, su último cartel coincide prácticamente con su traslado a Madrid, así como su última participación en una Exposición Nacional.

No quiero dejar de recordar que Enrique realizó el de 1907 y 1909 (así como el de 1906 junto con otros artistas). En ellos resultan evidentes los paralelismos que estos carteles tienen con la obra de Julio: en el de 1906, el paisaje y la mujer con la guitarra (que tanto nos evocan a las que luego representará su hermano pequeño); en el de 1907, el mismo esquema que Julio eligió para *La musa gitana*, y, en el de 1909, tres mujeres que fueron absolutamente copiadas de las que Julio había incluido en el cartel de 1902.

La tradición familiar en relación con los carteles de feria no terminó ahí, pues, tal y como señala Fuensanta García de la Torre en su artículo «Los carteles de Ferias y Fiestas de Julio Romero de Torres», su hijo Rafael reinterpreta, de cara a la feria de 1939, el que su padre había realizado para 1912. Este también sería utilizado en 1985, dentro de la tendencia de rescatar antiguos diseños.

Cartel de feria de mayo de 1916. Museo Julio Romero de Torres.

Tampoco debemos olvidar que realizó carteles de otro tipo. Por ejemplo, para corridas de toros (como la Gran Corrida Patriótica, en 1921), e incluso, en la última década de su vida, para la Unión Española de Explosivos. Y, sin duda, todos conocerán el cuadro de Bodegas Cruz Conde, realizado cerca de su muerte y protagonizado por María Teresa López.

En una línea y cronología similares a los carteles de feria podemos ubicar los *Almanaques del Diario Córdoba*, publicaciones anuales que José María Palencia recordaba que unían «a un apartado de tipo técnico y publicitario, otro de carácter literario, cuya denominación específica fue la de "Ramillete literario"», habiendo una portada interior y otra portadilla propia del ramillete. Y destaca que realizar estas ilustraciones fue algo reservado a los Romero de Torres durante tres décadas: de 1882 a 1886, las haría Rafael; de 1887 hasta 1891, Enrique, y, desde el año siguiente hasta 1912, Julio.

En ellas podemos ver un absoluto protagonismo de la mujer, de alegorías de las estaciones del año, la presencia de un escenario urbano que poco a poco se va asemejando al de Julio, así como un estilo ilustrativo que es continuista del de sus hermanos. Hasta que, en 1911 (cuatro años después de *La musa gitana*), parece atreverse a llevar su estilo personal a la publicación local en cuestión. Igualmente, no podemos olvidar la relación indisoluble que estos cuadernillos suponían, una vez más, de la obra de Julio con la literatura. Además, como señalaba el propio José María Palencia, se deduce el afianzamiento de la fama del pintor en la ciudad: «A él, y sólo a él, se le reserva el derecho de ilustrar el *Almanaque* durante aproximadamente un par de décadas».

Carteles y almanaques fueron, por tanto, dos elementos que no solo reflejaron a nivel local la evolución de la pintura de un Julio en progresión, sino que lo interrelacionan de múltiples formas con aquella Córdoba de la *belle époque*.

A pesar de esa actividad social y cultural, la Córdoba que vivió (y pintó) Romero de Torres era, en muchos otros aspectos o dimensiones, la ciudad dormida que reflejó Pío Baroja en *La feria de los discretos*. Aunque la obra se ambienta antes del nacimiento del artista, fue en 1904 cuando el escritor la visitó para inspirarse y recabar información. Y no queda mucho lugar a dudas de que ambos retrataban el mismo espíritu cuando leemos, por ejemplo: «Las calles vecinas estaban desiertas, en el interior de algunas casas se oía un vago rumor de guitarras, en las rejas pelaban la pava los enamorados».

Además, creo que resulta interesante señalar (para que el lector pueda ir uniendo puntos) que Pío Baroja era un gran aficionado al ocultismo y la brujería, y poseedor de una enorme biblioteca sobre el tema. E hizo girar la obra en torno a un palacio que se encuentra muy próximo a la iglesia de Santiago. Es decir, en pleno barrio de las brujas... ¿Casualidad?

También muy próximo a la ciudad «juliorromeriana» se mostró Azorín, quien destacaba el silencio, la serenidad y la melancolía que transmiten sus calles: «Se escucha el alma de las cosas. Sentimos añoranzas de cosas que no hemos conocido nunca», una idea que antes mencionamos en relación con el patio y que podríamos también vincular con la no linealidad del tiempo. El madrileño se preguntaba quién sería el artista capaz de plasmar ese «concierto profundo de las cosas». Era 1909. No sabemos si hacía referencia a Julio, que llevaba poco tiempo pintando así. También resulta curioso que, al igual que el pintor, destaca, más de diez años antes del primer Festival de Patios, que estos espacios son la esencia de las casas cordobesas.

En el mismo espíritu de unidad del tiempo, Pablo García Baena escribió que «para una ciudad tan vieja como la nuestra, maestra del tiempo, el pasado y el futuro son caras de la misma moneda». Y a Córdoba podemos aplicar lo que Valle-Inclán decía sobre Santiago en *La lámpara maravillosa*: «Esta ciudad petrificada huye de la idea del Tiempo. No parece antigua, sino eterna [...]. Allí las horas son una misma hora».

Así las cosas, resulta fácil comprender que, en la búsqueda de Julio de lo esencial y atemporal, coherente con el simbolismo y con los principios de Valle-Inclán, el alma de Córdoba encajaba perfectamente. Pero, además, la ciudad que pintó no pretendía ser fiel a la imagen real, sino transmitir esa alma: en el simbolismo lo importante no es la verosimilitud, sino la esencia.

Por ello seleccionaba y mezclaba los elementos que, para él, mejor la encarnaban: una fuente de un sitio, la casa de otro, la iglesia de otro... Como los monstruos creados con pedazos de animales que ya existían, de los que hablaba Valle-Inclán. Y lo consiguió, pues tanto locales como foráneos diferencian en esos fondos de manera inconfundible la ciudad natal del pintor.

De alguna forma, quizá sin pretenderlo, Julio extrapoló aquella Córdoba condensada en un patio que utilizaba como fondo de sus cuadros de juventud para desdoblarla y descomponerla. Al igual que esas colecciones de postales que se despliegan a modo de acordeón para enseñarnos una ciudad entera.

La quietud, sin embargo, se mantuvo, pues nos ofrece una ciudad callada que, precisamente por ello, y al igual que también ocurría con la sensualidad contenida del patio, era un escenario adecuado para la pasión. Y que haría a Eduardo Zamacois apuntar: «Nutridos por ese absoluto y penetrante reposo, los amores, como las penas, deben ser mortales».

Flor de Santidad. Museo Julio Romero de Torres.

Margarita Nelken decía que el cariz arcaico o retrógrado de la estética de Julio sería, en cualquier otro artista, horrible. Pero en él resultaba necesario, precisamente porque esa quietud es «el carácter más profundo de Córdoba, el oculto y recóndito, el que es hierático e idéntico siglo después de siglo».

Aquella *maniera* de representar Córdoba en la lejanía estaba influida por Antonio del Castillo, por los maestros del Renacimiento italiano o quizá incluso por Goya. Julio se decantará plenamente por este tipo de fondo en muchas obras, mientras que en otras los preferirá más neutros. Por ejemplo, el retrato de *Ysolina Gallego de Zubiarre* y *Flor de Santidad* son dos lienzos casi contemporáneos que muestran ambas vertientes. Pero esos paisajes sufrirán, como su pintura en general, una evolución hacia la sencillez y simplificación, resultando cada vez más diluidos y espectrales.

Seguramente, la creación que más y mejor recoge esta idea de Julio sobre su ciudad y la relación de los fondos de sus composiciones con las mujeres sea el conjunto *Poema de Córdoba,* presentado a la Exposición Nacional de Bellas Artes de 1915.

Se trata de un sencillo retablo formado por siete paneles que simbolizan las que él consideró siete dimensiones culturales de Córdoba a lo largo de la historia: *Córdoba guerrera, Córdoba barroca, Córdoba judía, Córdoba cristiana, Córdoba romana, Córdoba religiosa* y *Córdoba torera.* Todos ellos repiten el mismo esquema, presentando a una mujer que encarna a esa cultura e incluyendo al fondo un monumento ideal al personaje de la misma más representativo nacido en la ciudad: Gran Capitán, Góngora, Maimónides...

Ysolina Gallego de Zubiarre. Museo Julio Romero de Torres.

El panel central difiere un poco de los demás. Habitualmente llamado *Córdoba cristiana*, en él se representa a un san Rafael (personaje no precisamente nacido en Córdoba) sostenido por dos mujeres. Con mantilla, podemos ver a Adela Portillo, mujer del guitarrista Andrés Segovia, y, con mantón, a Rafaela Torres, modelo profesional. Julio vuelve a jugar con los volúmenes y luces de las dos mujeres, y de nuevo se inspira en Valdés Leal, en este caso, para la figura de san Rafael.

Córdoba cristiana. Museo Julio Romero de Torres.

En mi opinión, quizá este panel debería ser más adecuadamente el entendido como *Córdoba religiosa* (dejando el que tiene al fondo un sepulcro dedicado al obispo Osio como *Córdoba cristiana*). Digo esto porque san Rafael es un personaje que podríamos considerar aglutinador, pues, como recuerda a menudo mi amigo Haim Casas (el primer rabino cordobés en quinientos años), es común a las tres grandes religiones monoteístas que tan importante presencia han tenido en Córdoba: cristianismo, judaísmo e islam.

Los fondos fueron todos ellos absolutamente diseñados por Julio a su ya característica forma. Y una de las cosas más llamativas es que a esos personajes a los que el pintor honró con sus imaginarios monumentos luego la ciudad efectivamente les realizaría uno, si bien estéticamente no tienen por qué tener nada que ver con los que vaticinó el pintor.

Córdoba judía. Museo Julio Romero de Torres.

Quizá donde más evidente resulta esta diferencia es en el Maimónides de *Córdoba judía* (tercer panel por la izquierda), que en nada se parece al colocado en plena antigua judería cincuenta años después, que sería realizado por Amadeo Ruiz Olmos. Este panel, por cierto, muestra una de las escenas secundarias cuya interpretación se antoja más sencilla: un hombre con sus característicos capa y sombrero corteja desde la calle a una mujer que se encuentra en un balcón mientras es observado por otra que está escondida. Seducción y celos, pues.

Los elementos urbanos son tan fácilmente reconocibles para un cordobés como inconexos: el Portillo y la Fuenseca, otro de los enclaves predilectos del maestro. La modelo en primer término es Amalia Fernández la Gitana, que ya hemos mencionado y que será muy utilizada por Julio en esos años.

La *Córdoba romana* (tercero por la derecha) muestra, como ocurría a menudo en la obra de Julio, influencia de Goya en la pose de la modelo, que, en este caso, fue Adela Moyano. Pero lo más curioso es que (y no es el único panel en el que sucede), entre los elementos del fondo, no aparece ninguno real que se pueda relacionar con esa época o cultura. Tiene su explicación: no era fácil encontrar un elemento urbano (exterior) romano que fuera fácilmente identificable. Recordemos que el propio templo de la calle Claudio Marcelo se descubriría medio siglo después.

El único que podría haber aprovechado era el puente, que tantas veces incluyó en otras composiciones. Para realizar el guiño a la ciudad romana utiliza, eso sí, un elemento anexo al mismo y que, por ser renacentista, tiene influencia clásica: la hoy conocida como Puerta del Puente. Una de las pocas que hoy nos quedan de las tantas que antiguamente lucieron las murallas de la ciudad.

Juan José Primo Jurado desgrana en su libro todas esas puertas que, en la segunda mitad del siglo XX y en los primeros años del XX, desaparecieron debido al crecimiento de la ciudad. Algunas de nombres aún hoy tan recordados, como la de Gallegos, del Colodro, del Ricón o la Puerta Nueva, y también otras menos renombradas actualmente, como la de Plasencia, de Martos, de Andújar, de Baeza o del Hierro.

Córdoba romana. Museo Julio Romero de Torres.

Frente a esas puertas que Córdoba «dejó perder», esta, una de las tres únicas conservadas actualmente (las otras son la de Almodóvar y la de Sevilla, muy reformada) y, sin duda, la más contemplada hoy en día por los visitantes, sufrió diversas transformaciones en vida de Julio. Desde época romana, por ese lugar se entraba y salía de la muralla, coincidiendo con la Vía Augusta (que llegaba hasta Cádiz). Según Antonio Arjona Castro, en época de Al-Ándalus esta puerta sur de la ciudad estaría adornada y protegida por una escultura femenina, probablemente una Virgen María, al igual que ocurría en otra puerta sur: la de Medina Azahara, que tenía una de la diosa Venus.

En el siglo XVI, Hernán Ruiz III realizó la puerta actual, que en el primer tercio del siglo XX sufriría dos alteraciones principales. La primera sería la eliminación de la muralla, quedando así la puerta aislada a modo de monumento. La segunda supuso que, en su parte interior, lisa, se imitase, de forma simplificada, el esquema decorativo de la exterior. Es decir, la estructura y la decoración del lado sur datan del siglo XVI; la decoración de la cara norte, del siglo XX, coincidiendo con los últimos años de vida de Julio Romero de Torres.

Volviendo a *Poema de Córdoba*, la *Córdoba torera* nos devuelve de alguna forma al retrato de Machaquito (tanto que extendernos sobre él sería redundar). Pero una de las cuestiones que más suelen destacar los que observan este conjunto es una ausencia: se echa en falta un panel dedicado a la *Córdoba musulmana*. En ese sentido debemos fijarnos en el del extremo izquierdo, *Córdoba guerrera*, que muestra un monumento a Gonzalo Fernández de Córdoba, el Gran Capitán.

En el boceto completo de *Poema de Córdoba*, fechado en 1913 y que se encuentra en el Museo Carmen Thyssen

Málaga, se aprecian algunas diferencias respecto al conjunto definitivo. La principal, que es la que nos ocupa, radica en que el personaje histórico elegido para el monumento del panel izquierdo no es el mencionado Gran Capitán, sino… ¡Almanzor! Por lo que, en principio, ese panel estaría dedicado a la *Córdoba musulmana.*

Córdoba torera. Museo Julio Romero de Torres.

¿Por qué el autor cambió el tema en el definitivo? Pues probablemente porque el 2 de diciembre de 1915 se cumplían cuatrocientos años del fallecimiento de Gonzalo Fernández de Córdoba y el pintor quiso sumarse así al homenaje que le realizó toda la ciudad. De hecho, Dolores de Castro (Pirola la Gitana) aparece ataviada con un cierto regusto «árabe», y uno de los edificios que se ven al fondo de la composición es la Mezquita-Catedral. Es decir, parece que Julio Romero de Torres cambió de opinión con el panel ya avanzado y solo tuvo tiempo de modificar la dedicación del monumento que pintaba, manteniendo en el resto de la composición algunos elementos claramente andalusíes.

La curiosidad no queda ahí, pues se da el caso de que el monumento al Gran Capitán, obra de Mateo Inurria, que hoy tenemos en la plaza de las Tendillas es el que más tempranamente se realizó en la ciudad de todos los que Julio Romero anticipó. En gran medida, porque, como explicaba Francisco Solano Márquez en una conferencia sobre este monumento, la idea venía de antes (desde mediados del siglo XIX) y su último «empujón» estuvo motivado por ese mismo cuarto centenario. Sin embargo, cuestiones económicas provocaron que lo único que se inaugurase el día de la efeméride fuera el pedestal. La inauguración completa en su ubicación original (junto al actual Corte Inglés) no tuvo lugar hasta noviembre de 1923, nada menos que con ocho años de retraso.

Paralelamente, en aquella ciudad en continuo cambio urbanístico, el mismo año 1923 sería demolido el Hotel Suizo, que se encontraba en la plaza de las Tendillas. Si décadas antes se habían derribado las antiguas casas de la Orden de Calatrava para erigir el propio hotel, la vorágine urbanística en la que estaba inmersa la ciudad provocó que este se eliminara para afrontar una reforma completa del espacio que pretendía ampliarlo y convertirlo en lo que es hoy: el centro simbólico y social de Córdoba. Alteraciones que incluirían el traslado a la misma, en 1927, del monumento del Gran Capitán.

Las principales transformaciones en este espacio, por tanto, coinciden en el tiempo con la vida del pintor. Pero volvamos a centrarnos en la estatua que allí terminaría recalando, porque lo que nos interesa realmente es el reflejo de la misma en *Poema de Córdoba*: el monumento definitivo de Inurria (el inaugurado en 1923) difiere del Gran Capitán de *Córdoba guerrera*, lo que, al igual que ocurría con el resto de paneles, aleja cualquier posible relación entre ambas.

Monumento al Gran Capitán en la plaza de las Tendillas.

Sin embargo, el proyecto del monumento (también de Inurria), que estaba en vigor unos años antes (justo cuando Julio Romero pinta el panel), se asemeja algo más; por ejemplo, presentaba un basamento mucho más estilizado que nos recuerda al de *Córdoba guerrera*. Resulta factible, pues, que hubiera alguna influencia de una obra de arte a la otra. En ese caso, se antoja más probable que fuera Romero de Torres quien se inspirase en ese proyecto de Inurria, pero, al modificarse luego este, ambas obras se asemejan entre sí menos de lo que el pintor habría pretendido.

Otra de las obras que mejor ejemplifica la relación entre los pinceles de Julio y su ciudad es *La Saeta* (1917-18). Este lienzo se encuentra actualmente en el Palacio de Viana, entidad que, en tiempos de Julio, vivió un momento clave: en 1871, Juan Bautista Cabrera y Bernuy, IX marqués de Villaseca, murió sin hijos. Su viuda, María del Carmen Pérez de Barradas, no pudo heredar los títulos, pero sí todos los bienes (incluido el palacio), y casó en segundas nupcias con Teobaldo Saavedra y Cueto, hijo del duque de Rivas y once años más joven que ella, quien obtuvo el nuevo título de marqués de Viana.

Este matrimonio tampoco tuvo descendencia, y el heredero tanto del flamante marquesado como de las posesiones de ambos fue un sobrino… ¡de Teobaldo! Con lo que entró en escena, hace menos de siglo y medio, el «nombre» de Viana. Y, en pocos años, las pertenencias de los Cabrera se alejaron doblemente de su linaje para llegar a los Saavedra.

José Saavedra y Salamanca, el afortunado sobrino y, por ende, segundo marqués de Viana, fue un hombre polifacético y de enorme capacidad sobre el que no nos extenderemos aquí. En cambio, no podemos dejar de mencionar que uno de sus proyectos fue el de convertir Viana en una casa-museo, para lo que parece que contó, cómo no, con el asesoramiento de Enrique Romero de Torres.

Centrándonos en el lienzo, como escenario aparece, una vez más, esa Córdoba creada por el pintor. En este caso, mostrando, por ejemplo, una portada inspirada en la Casa del marqués de la Fuensanta del Valle (otro de sus elementos predilectos). Pero esta vez incluye como escena lejana una procesión cuyos protagonistas son el Cristo de Gracia (llamado el Esparraguero) y la Virgen de los Dolores (con un paso reinterpretado al gusto del pintor).

La Saeta. Colección Cajasur.

Habrá cordobeses que señalen que actualmente estos dos pasos pertenecen a hermandades diferentes y que ni siquiera procesionan el mismo día. Pero no debemos olvidar la forma que tenía Julio de descomponer y recomponer los escenarios. Y, sobre todo, que en aquel tiempo todas las hermandades salían juntas en una gran procesión.

Las personas que los acompañan son representadas algo diluidas, casi flamígeras (en consonancia con los cirios que portan), y, de esta forma, nos anticipan una característica que será común en algunos de los fondos que vendrán a partir de este momento. Seguimos, pues, avanzando en las transformaciones que comenzamos a ver en *El Pecado* y *La Gracia* apenas un par de años antes.

Casa del marqués de la Fuensanta del Valle, actual
Conservatorio Superior de Música Rafael Orozco.

Alberto Villar decía, de hecho, que esta obra cierra de alguna forma un ciclo de diez años dentro de su estilo. Añadía que estamos ante una composición que, una vez más, muestra el reverso del tema que aborda, pues manifestaría la contradicción, ofreciendo un evento superfluo, mero adorno, haciendo el amor sacro otra vez profano y llegando casi al esperpento.

En primer plano, aparece Amalia la Gitana sobre un reclinatorio y con una postura que al espectador no deja indiferente, pudiendo, como señalaba Villar, no ser precisamente adecuada al amor sacro. La acompañan un anciano ciego, un joven esposado (para las manos de ambos habría tomado otra vez como modelo las de Rafalito), una anciana que nos recuerda a una de las alcahuetas de *El Pecado* y una joven que parece acompañarla.

Lo que más nos interesa es el reclinatorio, uno de los elementos de los cuadros de Julio que mejor refleja la influencia que en él tuvieron los maestros del Museo de Bellas Artes que desde pequeño había conocido, en especial los ya mencionados Juan de Valdés Leal y Antonio del Castillo.

Resulta clara la relación del objeto con los elementos que aparecen en *La Virgen de los Plateros*. Mercedes Valverde recordaba en una conferencia celebrada en Bodegas Campos, y en la que abordó la orfebrería y joyería en la obra de Julio, que este cuadro (*La Virgen de los Plateros*) había sido un encargo que la Hermandad de San Eloy había hecho a Valdés Leal a mediados del siglo XVII y que Rafael Romero Barros lo había rescatado de un altar en la calle para el museo.

Al reclinatorio de *La Saeta* trasladó Julio, además, unas figuras prácticamente copiadas de *El calvario de la Inquisición* (1649), de Antonio del Castillo, que originariamente se encontraba en el Alcázar de los Reyes Cristianos, pero que igualmente fue restaurada por Romero Barros y hoy se puede disfrutar en el Museo de Bellas Artes.

Y es que, en estos años de madurez, curiosamente, la influencia de la pintura española en general (Velázquez, Goya, el Greco) y de algunas obras del Museo de Bellas Artes de Córdoba en particular se vuelve más patente en la obra de Julio. Me atrevo a decir que casi empieza a desbordar a la italiana y bizantina.

Reproducción de *La Virgen de los Plateros* de Valdés Leal junto a la iglesia de San Francisco y San Eulogio.

En todo caso, lo que la escena parece representar no es sino la letra de una saeta:

Santo Cristo de Gracia.
Señor de Gracia te pido.
Echad la cara atrás.
A los ciegos dadles vista.
Y a los presos, ¡libertad!

La obra se expuso en 1919 en la sala Majectic Hall de Bilbao, en la que fue la primera muestra individual dedicada al artista y que resultó todo un éxito. El renombre que esta alcanzó se pudo comprobar cuando en 1920 se dedica a Julio una calle, la antes llamada Los Mascarones. Se abrió una suscripción popular con el fin de costear unos hermosos azulejos que indicasen dicho nuevo nombre, y la idea tuvo tanto éxito que sobró dinero. Se decidió entonces trasladar a azulejos *La Saeta* en la fachada de, cómo no, la iglesia de la Virgen de los Dolores en la plaza de Capuchinos (la que alberga el famoso Cristo de los Faroles).

Se reafirmaba así una identificación entre plaza y pintor que haría que Pablo García Baena, mucho tiempo después, afirmase: «Julio y su hermano Enrique son los descubridores de la plaza de Capuchinos, del verdadero sentimiento y alma de Córdoba que está allí»; una idea que podríamos extrapolar a toda Córdoba. Sin embargo, *Diario Córdoba* planteó que estos azulejos se colocaran en la plaza del Potro, de forma que la Santa Madre pudiera contemplarlos cada noche al salir a rezar. Y estuvo cerca de lograrlo, pero, finalmente, el propio rotativo informaba el 2 de octubre de 1921 de que ya estaban colocados en Capuchinos:

El admirable cuadro del genial artista, reproducido en azul y negro como los azulejos antiguos, no tiene más inscripción que su título y el nombre del autor, pues la comisión encargada de realizar este homenaje al pintor de Córdoba ha tenido el buen acuerdo de prescindir de dedicatorias y ditirambos.

Reproducción de *La Saeta* en la plaza de Capuchinos.

Rótulo calle Julio Romero de Torres.

A pesar de esa absoluta identificación artística y esencial entre Julio y su ciudad natal, el maestro nunca dejó de frecuentar Madrid, cuyo ambiente cultural le atraía, como resulta lógico, mucho más. Hemos mencionado tanto sus primeras participaciones en las Exposiciones Nacionales como aquella etapa (anterior) de juventud con Enrique, en la que, hasta el retorno a Córdoba coincidiendo con el fallecimiento de su padre, habían trabajado como ilustradores. Especialmente en la revista *Gran Vía* (1894-95), que por entonces tuvo una significativa presencia cordobesa y de la que Enriquito llegó a ser director artístico.

No podemos entrar a detallar todos sus viajes y estancias allí, pero sí destacar el lustro 1903-1908 como especialmente ajetreado: a las exposiciones a las que concurrió en la capital y otras visitas para tomar ideas o apuntes (como los que realizó de maestros europeos en el Museo del Prado en 1906), hay que añadir estancias más largas. Todo ello salpicado con los *tours* al extranjero que hemos comentado o proyectos como el de Porcuna.

En esos años de principios de siglo comenzaría, en gran medida gracias a Ricardo Baroja (pintor hermano de Pío Baroja y pintor), su contacto con un gran número de intelectuales y artistas que se reunían en las tertulias madrileñas en las que se convertiría en asiduo. Especialmente a la del Nuevo Café de Levante, liderada por Valle-Inclán, que se trasladó al café Fornos. También a la de El Gato Negro, encabezada por Jacinto Benavente, quien en 1912 ya diría que las obras de Romero de Torres debían exponerse en el Museo del Prado. Hablamos de los Baroja, los Machado, Gómez de la Serna, los Quintero, Ramón Pérez de Ayala, Zuloaga, G. Solana, Julio Antonio, Ortega y Gasset...

Mercedes Valverde sentencia al respecto que Julio era el pintor de la Generación del 98 y no Zuloaga.

Con muchos de ellos entablaría grandes amistades. Por ejemplo, frecuentó una especie de tertulia alternativa que fue creada en el piso de los hermanos Machado en la calle Fuencarral, donde pusieron una academia de poesía. El propio Manuel Machado presentó su libro *Cante hondo* en 1912, dedicándolo «al gran maestro Julio Romero de Torres, gloria de la pintura de España y en el mundo entero. Con la admiración y afecto de Manuel Machado». La primera edición, además, fue ilustrada por nuestro protagonista.

Resulta evidente que la mayor amistad la trabó con Valle-Inclán, quien lo apadrinó social y artísticamente. Su relación fue incluso tema de viñetas humorísticas y, tiempo después, en 1927, serían dos de los fundadores de Alianza Republicana en Madrid. También hubo quien, como Moreno Villa, criticó que el cordobés fuese casi un producto diseñado por el escritor: «Romero de Torres y Anselmo Miguel Nieto puede decirse que salieron de la cabeza de Valle-Inclán [...]. Las explicaciones que Valle-Inclán le diera del Renacimiento se le indigestaron». Sin duda, debía existir complicidad con Nieto, a quien Julio calificó alguna vez como el principal artista de su tiempo. Y Nieto pintó un conocido retrato póstumo de Romero de Torres.

Valle-Inclán gustaba de satisfacer los anhelos de sus contertulios. Fuensanta García recuerda en su libro cómo la pasión del escultor Julio Antonio por el toreo llevó al gallego a organizar, a finales de mayo de 1916 (poco después de instalarse definitivamente allí nuestro protagonista y, casualidad o no, en fechas habituales de feria de Córdoba), una corrida benéfica con Julio Romero de

Torres... ¡como picador! El evento no llegó a celebrarse por enfermedad precisamente del propio Julio Antonio, que estaba entre los diestros.

Y es que aquel era un ambiente con tintes taurinos. Sin ir más lejos, en la tertulia de artistas sería aceptado (para su honor, como él mismo declararía) el torero sevillano Juan Belmonte. Además, fue llevado al lienzo por Julio en dos ocasiones. La primera, en 1909, con apenas diecisiete años, como agradecimiento por haberle brindado un toro, como bien deja claro la dedicatoria del lienzo: «Al gran novillero Juanito Belmonte en prueba de nuestra amistad y también por tu brindis».

La segunda, en 1916 (el año de la frustrada corrida benéfica), muestra un Belmonte ataviado solo con un capote (igual que Julio aparece, por cierto, en unas fotos), transmitiendo una sensualidad y androginia que han dado mucho que hablar sobre la relación entre pintor y modelo. También resulta interesante que la ciudad insinuada al fondo es Sevilla, y que en el plano intermedio el protagonista torea. Este último detalle nos hace seguir considerando la idea de que esas pequeñas escenas no son causa ni efecto de la principal, sino eternamente simultáneas.

Belmonte, además, compraría el cuadro *Carmen*, que había participado en la Exposición Nacional de 1915. Y en el número 46 de la revista del Casino de Madrid (publicado en diciembre de 2006) se recuerda así su amistad: «No debemos olvidarnos de su faceta de mecenas: Julio Romero de Torres dio "espaldarazo intelectual" a un entonces joven novillero apodado Juanito Terremoto, y que en unos años sería por todos conocido como don Juan Belmonte».

Sin duda, las noches parranderas en torno al excéntrico Valle-Inclán y con tal cohorte de acompañantes dieron cabida a un sinfín de anécdotas dignas todas ellas de ser recordadas. En mi opinión, uno de los asuntos más ilustrativos de cómo se las gastaba esta «tropa» fue el relacionado con Anita Delgado. La historia comenzó en 1906, año en que Julio resonaba en Madrid con la polémica de *Vividoras del amor*, y culminó en 1908, año en que triunfaría al fin con la medalla de oro obtenida por *La musa gitana*.

Carmen. Colección particular.

Nacida en Málaga en 1890, la adolescente Ana María Delgado y su familia se habían trasladado a la capital para buscarse la vida, y actuaba junto con su hermana mayor en el Kursaal, un espacio ubicado en la plaza del Carmen que unía frontón y espectáculos de variedades y que era frecuentado por el grupo de Valle-Inclán y Julio (que, por cierto, quiso pintarla, pero ella se negó). El dúo que formaban se llamaba Las hermanas Camelias y actuaban como teloneras, pues no bailaban muy bien, pero eran muy guapas y parece que Anita tenía una gracia y desparpajo que la hacían destacar.

Esa combinación debió de ser la que enamoró (o, al menos, encaprichó) al maharajá de Kapurtala cuando la vio sobre el escenario del Kursaal en 1906. El príncipe se encontraba en Madrid para asistir a la boda de Alfonso XIII con Victoria Eugenia e intentó cortejar (o comprar) a la bailarina. Sin embargo, el atentado que tuvo lugar durante la celebración del evento nupcial hizo que las grandes personalidades extranjeras abandonasen rápidamente España, y tuvo que continuar el galanteo (o negociación) desde París.

La correspondencia fue interceptada por los miembros de la tertulia de Julito, quienes, con Valle-Inclán a la cabeza, corrigieron y reescribieron acertadamente, cuando menos, una carta de ella hacia él. Se dice que podrían haber sido más, como explicaba un sobrino de Ricardo Baroja, hablando en plural: «Mi tío Ricardo recordaba que hubo un momento en que las cartas, más o menos de amor, que escribía Anita Delgado al marajá, pues… las escribía nada menos que Valle-Inclán». Y quizá pasaran por sus manos envíos en ambas direcciones, mejorando así no solo el cuestionable español escrito de la bailarina, sino también el del maharajá y sus asesores.

Suponemos que al principio los tertulianos se tomarían a broma la posibilidad de que su joven amiga, tan guapa como poco instruida, se convirtiera en princesa en la otra punta del mundo. Pero, al ver que su intermediación funcionaba y el flirteo postal podía dar frutos, empezaron a animar a la reticente Anita y su dubitativa familia, muy preocupada por «la honra».

Letrero que recuerda el estudio madrileño
de Julio Romero de Torres.

Valle-Inclán, quizá personificando como pocas veces el esperpento, exhortaba que se trataba de una cuestión de estado y veía en aquel matrimonio la forma de vengarse de los ingleses, impulsando a través de Anita una revuelta del maharajá contra ellos. O mejor aún, soñaba con que el rebelde libertador tuviera sangre española… ¡Un hijo del maharajá y la malagueña expulsando a los británicos! Y le pedía a Anita que lo hiciera caballero de una supuesta Orden de Kapurtala.

Finalmente, la boda tuvo lugar, aunque antes fue necesaria una larga estancia de Anita en París para educarla de la forma que se consideraba adecuada. La prensa española lo contó así:

> Con el esplendor propio de las cortes orientales se ha verificado en la capital de la región india de Kapurthala el casamiento del Rajáh de dicho país con la joven bailarina Ana María Delgado, bailarina malagueña de incomparable belleza y de la cual se enamoró perdidamente en Madrid el Rajáh de la India cuando allí estuvo en 1906 con motivo del casamiento de don Alfonso XIII.
>
> La Camelia, nombre de guerra de la bailarina malagueña, fue pedida por el príncipe indio a sus padres acompañando a la petición treinta mil duros de regalo. Esto es una bicoca para el Rajáh indio, pues sus riquezas suelen ser incalculables. El potentado de Kapurthala posee una renta de 150.000 libras esterlinas por año.

Nunca más supieron de ella de forma directa los del Kursaal. Pero la fabulosa vida de Anita desde ese momento fue digna de un libro (y, de hecho, sobre ella se han escrito varios, que, a su vez, narran el fin de un mundo). Pero no es lo que nos ocupa. Lo que nos interesa es ilustrar con este episodio el ambiente madrileño de nuestro protagonista. De hecho, en las crónicas del complot celestino, el nombre que suele mencionarse más comúnmente junto al de Valle-Inclán no es otro que el de Romero de Torres.

No podemos, a pesar de ello, pensar que su asentamiento social y cultural solo abarcaba el ámbito de la nocturnidad. Ya en 1904 fue nombrado miembro de la Real Academia de Bellas Artes de San Fernando (resulta muy indicativo que, para ser miembro de la Real Academia de

Córdoba, tendría que esperar hasta 1912). En el legajo 5-101-1 del archivo de la entidad encontramos:

> Los que suscriben tienen el honor de proponer a la Corporación para Académico Correspondiente en Córdoba al Sr. D. Julio Romero de Torres, Pintor, Catedrático de aquella Escuela de Bellas Artes, premiado con medalla de tercera clase en Exposición Nacional de Bellas Artes y laureado con otros premios en varias Exposiciones regionales y en certámenes públicos.
>
> Madrid 8 de febrero de 1904

Y Julio respondió agradeciendo de esta forma:

> Al ser nombrado con fecha 1º de marzo último Académico correspondiente en Córdoba de esa Ilustre Academia, de la cual es *vd* digno Secretario, tengo el deber de manifestar mi profunda gratitud a dicha Corporación por el honor que ha tenido a bien dispensarme, asegurándole al propio tiempo que procuraré responder a tal alta distinción trabajando con fé y perseverancia en pro del arte y de nuestros recuerdos históricos.
> Dios guarde a *Vd* muchos años.
>
> Córdoba 6 de abril de 1904
> Julio Romero de Torres

Su traslado definitivo a la capital tuvo lugar en 1915, hecho vinculado a que el año siguiente obtuviera allí plaza de profesor. Uno de los documentos familiares que hemos mencionado varias veces así lo especifica: «El 29 de marzo de 1916, obtiene, en un concurso de méritos, la cátedra de ropaje de la Escuela Superior de Pintura, Escultura y Grabado de Madrid», donde sería profesor de, entre muchos otros, Dalí.

En la entrevista de 1920, el pintor recordaba su mudanza: «Porque me nombraron profesor de la Escuela de Bellas Artes de San Fernando [...]. Unos sesenta mil duros he ganado desde que vine de Córdoba. Va para cinco años...». Y, aunque más adelante se cansará de la vida en la capital, en aquel momento afirmaba ver una ciudad en mejoría: «París me gustó, sí; pero me gusta más Madrid, aunque parezca mentira... Esta capital ha mejorado notablemente de siete años a esta parte».

En cuanto a sus hábitos, podemos decir que eran (al menos, tal y como él los contaba en la misma entrevista) bohemios: «Me levanto tarde. Hasta las tres estoy aquí en el estudio trabajando. Luego me voy a la Escuela; y a las siete vuelvo y pinto otra hora u hora y media más... Luego al teatro y por ahí... Hago vida de noche...».

Plaza de los Carros, llamada durante varios años plaza Julio Romero de Torres.

Mercedes Valverde recordaba que Rafaelito le contaba que su padre se levantaba a las 13:00, se tomaba un caldo y hasta las 17:00 pintaba encargos. Después, se iba a tomar café y, seguidamente, a dar clase. Y luego, vida nocturna. Pero apuntaba que Julio aprovechaba para captar ideas, personajes, modelos, hacer contactos… También que en las tertulias del Nuevo Café de Levante de Madrid, «como un típico cordobés», no hablaba. Y que, tras debatir con todos, Valle-Inclán le pedía apoyo: «¿Verdad que sí, Julio?». Y Julio asentía con la cabeza «sin decir ni una palabra».

La misma referencia al carácter cordobés hacía María Teresa López: «Era un hombre serio, y decían que tenía mal carácter», matizando que ella solo una vez lo vio «agrio»; fue pintando *Fuensanta*, la obra que ilustraría el billete de cien pesetas, «porque la olla era muy grande» y le costaba mantener la pose que el pintor quería. Pero, sin duda, lo consideraba callado: «¿Hablar? Nunca. Ni reír. Era un cordobés como antes eran los cordobeses… Muy serio».

En una línea similar, Alberto Villar lo califica de taciturno y añade que el propio Valle-Inclán lo describía como «desdeñoso y silencioso». Así mismo, Mercedes Mudarra afirma que «no fue un hombre preocupado por destacar. En las tertulias se mantenía en silencio, pocas veces intervenía y, si lo hacía, era para sentenciar. Fundamentalmente era un hombre callado».

Curiosamente, en la misma publicación en la que Mudarra hace ese apunte, Fuensanta García señala, basándose en sus fuentes, lo contrario: «Todos coincidían en su atractivo personal y su simpatía arrolladora, que lo hacían ser el centro de atención de donde estuviera presente».

Algo parecido describe Enrique Estévez Ortega, que le realizó la entrevista para *La Unión Ilustrada*: «Habla mucho y habla sin cesar; con esa pintoresca amenidad de todos los andaluces; su conversación agradable y fuerte…». En la misma entrevista, comenta el trato otorgado a sus modelos: «El ilustre artista con su gracejo característico, elogiaba de vez en vez las dotes personales y artísticas de nuestras amables contertulianas. Galante y mundano, para todas tenía una frase oportuna y amable».

En un artículo de *La Ilustración Artística* de 1907 se le describe de la siguiente forma:

> […] un hombre bueno, trabajador, inteligente y colmado de envidiables dotes de sociabilidad, que seguramente os cautivarían si amáis, como yo, las almas purísimas, sencillas, diáfanas, de algunos seres adorables, santos en este ajetreo diario de la vida, que ni se dan cuenta de su valor, ni lo aprecian en nada.

Como ya señalé en la introducción, María del Mar Ibáñez me comentaba, precisamente en referencia a las declaraciones de Julio en las entrevistas, que en algunas se aprecia que quien respondía no era el Julio real, sino el personaje que quería crear. Y también me recordaba lo que escribió Antonio Machado tras el fallecimiento del pintor: «Era un buen amigo nuestro, un gran artista y un hombre de bondad extraordinaria […]. Era el artista más modesto que he conocido […]. Tenía el alma de niño […]».

Así pues, más allá de la bohemia madrileña y del sin duda complejo espíritu que gestó en sus densas obras, ¿cómo era la personalidad de nuestro protagonista? ¿Extrovertida y sociable? ¿Afable pero tímido y melancólico como tantos artistas? Sería esa, pues, la melancolía que reflejaba en sus lienzos. ¿O realmente tenía mal carácter? Es otro aspecto que quizá nunca sabremos con certeza y cuya valoración dejamos al buen juicio e imaginación del lector.

Poco después de su mudanza y de obtener la plaza de profesor, en 1917, se hizo socio del Casino de Madrid. En la misma revista de la entidad que citamos cuando hablábamos sobre Juan Belmonte, se lee que frecuentaba, por ejemplo, la taberna de Barbas (calle Fuencarral), además del

> Ateneo de Madrid (en el que hacía tertulia con los Quintero, Ortega y Gasset o Pérez de Ayala), el Teatro Romea y el Café Nuevo de Levante (en el que se celebraba la tertulia nocturna de Ramón del Valle-Inclán, con el que llegó a entablar una grandísima amistad).

Y respecto al Casino en sí:

> […] ingresa como socio el 15 de octubre de 1917. Prácticamente a diario, Romero de Torres visita el Casino, cosa del todo normal teniendo en cuenta que trabajaba en el edificio vecino, en la Academia de Bellas Artes de San Fernando, como profesor de Dibujo Antiguo y Ropaje. Allí, en ese prácticamente recién estrenado edificio del Casino, el pintor participa en tertulias, e, incluso, boceta en papel timbrado de la Institución algunas de sus obras.

Además, en 1918 se proyecta un programa decorativo para el Salón Real del Casino, cuyo tema fue «Las horas del día». Uno de los que recibieron el encargo fue el cordobés, que realizó *Conjuro*, en el que las edades de la mujer sirven como metáfora del atardecer.

Obviando varias residencias anteriores, nos interesa destacar que en 1915 se asienta en el Palacio de Longoria (calle Pelayo), actual sede de la Sociedad General de Autores y Editores. La tarjeta de visita de Julio, que indica

«Pelayo 73», así lo confirma, aunque hay quien considera que Pelayo fue solamente estudio y la vivienda estaría en Carrera de San Jerónimo.

Al margen de esas diatribas, debo apuntar otra más curiosa respecto a la sede de la SGAE: cuando fui a visitarla, me sorprendió que la placa que recuerda al pintor y que indica «Aquí vivió y tuvo su estudio el pintor Julio Romero de Torres de 1916 a 1930» no está en el propio Palacio de Longoria, sino en uno contiguo, mucho más reciente, y que también hoy es parte de la entidad.

Desde su Centro de Documentación y Archivo me confirmaron amablemente que Julio no vivió en el famoso palacio modernista, sino en un espacio, hoy demolido, que se encontraba en el patio trasero de la casa de vecinos adyacente a aquel. Casa que ya tampoco existe y que había sido adquirida por Florestán Aguilar para instalar en ella dependencias administrativas de la Compañía Dental Española.

Siguiendo con el espacio físico, es poco conocido el hecho de que la plaza de los Carros, muy próxima al Mercado de San Miguel, se llamó Julio Romero de Torres tras la muerte del pintor, tomando igual nombre el colegio que allí se encuentra. Las notas sobre el pintor para la *Enciclopedia Espasa* así lo recuerdan:

> También se celebró con gran solemnidad el descubrimiento de la lápida que da nombre en Madrid a la antigua plaza de los Carros, hoy Plaza Julio Romero de Torres, habiendo presidido este acto el Presidente de la República Española Sr. Alcalá Zamora, el día [espacio] de Diciembre de 1932.
>
> El Ayuntamiento de Madrid no sólo ha dado el nombre de esta plaza al conocido artista, sino que el Grupo

Escolar enclavado en el barrio de la plaza lo ha denominado Grupo Escolar de Julio Romero de Torres.

Las alumnas (el colegio era de niñas) realizaron un viaje de cuatro días a Córdoba en mayo de 1934. En su agenda de actividades, además de las visitas a la Mezquita-Catedral, a las ermitas (y a la Huerta de los Arcos), al Museo Julio Romero de Torres, al Provincial de Bellas Artes y a la tumba del pintor para que «las expedicionarias de la capital de la República» depositasen unas flores, destaca la «inauguración de la Cantina Escolar de Julio Romero de Torres».

Quizá, durante la estancia, ellas pudieran comprobar que, tal y como se aprecia en las obras del pintor, Córdoba era para él un lugar al que retornar siempre, el referente sobre el que pivotar. Pero, al mismo tiempo, un lugar en el que no podía pasar demasiado tiempo. Una sensación como la que, décadas después, expresaría Antonio Gala:

«Córdoba es para mí la ciudad soñada; esa ciudad que yo me paso la vida echando de menos, que alguna vez, cuando vengo aquí, empiezo a echar de más; y que si no existiera habría tenido que inventármela». Además, diría que «es esa especie de último reducto, del último paraíso del que uno sabe que llegará pero que a lo mejor sólo llega al final».

Una identificación de la ciudad con la muerte o con la tragedia que también vemos en García Lorca. Por ejemplo, en *Canción del jinete*:

La muerte me está mirando
desde las torres de Córdoba
[...] ¡Ay que la muerte me espera,
antes de llegar a Córdoba!

Es fácil suponer que esta imagen de la ciudad estuviera influida por las obras de Romero de Torres. Especialmente si pensamos en la referencia a una «Córdoba. Lejana y sola» de la misma composición. Pero sería Julio quien haría caso a otro poema de Federico. Pues, a pesar de vivir oficialmente en Madrid desde 1915, en 1930 tuvo clara su elección: «Córdoba, para morir».

Monolito del paseo Julio Romero de Torres en el parque del Retiro. La placa probablemente sea la que se utilizó para rotular la plaza que llevaba su nombre.

LIENZO 4
La muerte

Especialmente dedicado a la familia Romero de Torres. Sobre todo a Julio. Con el deseo de que lean este libro desde algún sitio.

Julio y su galgo Pacheco, juntos para siempre en el monumento de los jardines de Agricultura.

«La lujuria y la muerte son dos hermosas muchachas».
Charles Baudelaire

Todos los que fueron a la capilla ardiente del maestro para darle el último adiós comprobaron que aquella despedida olía a claveles. Este detalle no es un giro literario fruto de la fantasía de quien esto escribe ni otro guiño al realismo mágico de García Márquez. En el texto destinado a la *Enciclopedia Espasa* se realiza una larga descripción de todo lo acontecido entre la defunción y el entierro de Julio, comentando que las coronas de flores acumuladas en el Hospital de la Caridad eran tantas que apenas había espacio suficiente para ellas, teniendo que colocarlas en cualquier parte y siendo el olor predominante el de los claveles.

En ello influyó, como es lógico, el hecho de que falleciera un 10 de mayo, con la primavera cordobesa en todo su esplendor. Muchos dueños de cortijos enviaron flores. Los que tenían menos posibilidades económicas fueron a cogerlas igualmente al campo. Y las mujeres de la ciudad «arrasaron sus patios y sus macetas».

Así que, al final, como decía Úrsula (ahora sí, vuelvo a *Cien años de soledad*), el mundo solo daba vueltas sobre sí mismo. Como en los cuadros del pintor, no existía el tiempo y toda historia de pasión, fuera cual fuera su trama, terminaba volviendo al principio. Una idea que quizá nunca plasmó mejor que en su adiós, haciendo que la realidad, una vez más, superase a la ficción: la muerte de Julio Romero olía a patios.

Las alumnas de los colegios llevaron flores y, durante el cortejo fúnebre, llovieron miles de ellas desde los balcones adornados con crespones y mantones negros de una ciudad enlutada. Incluso personas del entorno de Pablo García Baena cuentan que el poeta recordaba cómo, siendo niño, había presenciado el paso del mismo por la calle San Fernando y desde la puerta entreabierta de un solitario balcón salió una elegante mano femenina para lanzar una y después cerrar la puerta. También hubo flores en su llegada al cementerio: varias mujeres formaron un lecho en la fosa antes de introducir el féretro del pintor para que descansara siempre sobre ellas.

Julio había muerto en la casa familiar una hora antes de medianoche, como si no quisiera dejar ya pasar ese día. Aquí y ahora, pues no habrá un momento mejor: en su cama, entre los suyos, abrazado por sus dos patios y respirando el denso aire de la Axerquía en primavera. Su cuerpo se despidió homenajeado por unos paisanos desconsolados que lo inundaron de flores. Resultó un tránsito en algunos aspectos demasiado parecido a un nacimiento. Quizá porque moría la persona pero florecía (aprovechando que era mayo) el mito. Un mito cuyo primer logro fue precisamente el espectacular e inesperado evento en que se convirtieron aquellos dos días de despedida.

La capilla ardiente se había colocado en el gran salón del Museo de Bellas Artes, con el cuerpo de Julio «envuelto en una sábana blanca y en lujosa arca de caoba y plata, colocada sobre una mesa antigua que cubre un gran damasco rojo», a los pies del *Calvario de la Inquisición* de Antonio del Castillo que había trasladado a *La Saeta*, acompañado de una cruz pintada también por Castillo, su silla de tijera, su paleta, sus pinceles y solo cuatro candelabros con cirios. Y, cómo no, de su inseparable galgo.

Pasaron por allí cordobeses de todas las clases sociales. Tal fue la afluencia de gente que hubo incluso que poner guardias de seguridad para organizar la entrada y salida, «pero no se registra ni un atropello ni una estridencia; pobres y ricos, grandes y pequeños, gitanos y señores, todos se han unido por un sólo sentimiento y en un sólo pensamiento».

El alcalde, Rafael Ruiz Jiménez, en representación de la ciudad, besó a Julio Romero de Torres en la frente, llorando «acongojado como llora el pueblo a las puertas de la casa». Por unanimidad, el Ayuntamiento aprobó costear los gastos del funeral «con inusitada pompa» y cederle un terreno en el cementerio de San Rafael.

Fue aquel su último paseo por la ciudad: el multitudinario recorrido hasta dicho camposanto, que, «como en una procesión del Corpus, la más bella de todas», incluyó una emotiva parada en su amada plaza de Capuchinos, en la que se interpretó una pieza de Schumann.

En la comitiva, que tuvo nada menos que tres presidencias, hubo representantes de todas las instituciones, incluyendo al ministro José Estrada y Estrada, oriundo de Aguilar de la Frontera. Según cuenta Fuensanta García de la Torre, se encontraba en la ciudad por otros asuntos y debía abandonarla para reunirse con el rey, pero se le excusó de esa cita con el fin de que pudiera asistir al sepelio.

Juan José Primo Jurado recuerda que Alfonso XIII envió telegramas de pésame tanto a Francisca Pellicer como al alcalde. El archivo familiar demuestra que llegaron condolencias por todos los medios (cable, oficio, telégrafo...) a su casa y al Ayuntamiento, enviadas desde toda España, pero también de Portugal, Rusia, Marruecos, Estados Unidos, Francia, Italia, Bolivia, Uruguay, Cuba y, especialmente, de Argentina, por el éxito de su exposición allí ocho años antes.

Cristo de los faroles.

Los listados de remites que se conservan son interminables. Obviando los institucionales o de colectivos y centrándonos en el mundo de las artes, podemos señalar, por ejemplo, los telefonemas de sus amigos Cristóbal de Castro, Margarita Nelken o Josefina Valle-Inclán (esposa de Ramón María), con madrileños remites en Magdalena

10, Goya 89 y Santa Catalina 12, respectivamente. Así como la carta del arquitecto Teodoro Anasagasti, los telegramas de Ignacio Zuloaga desde París, los del director del Museo del Prado y los de Ramón e Isolina de Zubiaurre desde Madrid.

También había mensajes de personas de todo tipo, como (por escoger uno al azar) el de Rafael Álvarez Luque, un electricista que vivía en la calle Badanas n.º 15. Además, en estos listados se precisa qué pésames fueron dados en persona. Ello deja a la luz algunas curiosidades, como el hecho de que algunos vecinos de la propia plaza del Potro aparezcan señalados de esa forma, mientras que, a pesar de la cercanía, otros lo habrían hecho solamente por escrito. En todo caso, este orden y esta minuciosidad nos indican el detallismo al que llegaba la familia en lo que a relaciones públicas se refiere.

El funeral se celebró en la iglesia de San Francisco y San Eulogio. Para facilitar la despedida de los cordobeses al artista, se cerraron los centros docentes, las oficinas, todo el comercio y también «los cafés y tabernas (hecho insólito, nunca ocurrido en Córdoba)». Incluso «en la Iglesia Catedral desde el púlpito el padre Tortosa en elocuentísimo sermón exalta la figura de Romero de Torres como artista y excita a los oyentes para que asistan al entierro». Una catedral que, recordemos, lucía orgullosa en su muro norte el altar de la *Virgen de los Faroles.* Primo Jurado, por su parte, señala que las campanas de toda la ciudad doblaron llamando al mismo y en el cortejo desfilaron las cruces de todas las parroquias.

El pintor que definiera el estereotipo de la mujer cordobesa e hiciera internacionalmente famosa su belleza recibió, como era lógico, un destacado adiós de sus paisanas de toda edad y condición: desde las estudiantes («muchachitas de catorce a dieciocho años tan lindas como él las pintara»), que llegaban a la capilla ardiente en grupos de veinte «con sus ojos llenos de lágrimas y las manos llenas de rosas» acompañadas por monjas y desfilaban de dos en dos, hasta «las mocitas de los barrios y las mujeres de toda clase», pasando por sus modelos, que acompañaron el féretro, o «las gitanas, que venciendo por el cariño la superstición que tienen por los muertos, entran llorando en la capilla y rezan a su modo al Maestro que todas adoraban».

Tumba de Julio Romero de Torres.

Pero la más llamativa prueba de afecto quizá fuera la que recibió de la clase trabajadora. El compromiso social de los Romero de Torres y la proximidad de Julio hacia el universo popular provocó que los obreros se disputasen quién llevaba el féretro a hombros (finalmente, se decidió que los primeros fueran los vecinos de la plaza del Potro). Y en la Casa del Pueblo se había repartido entre los obreros una hoja que decía:

> A TODOS LOS OBREROS
>
> Compañeros:
>
> JULIO ROMERO DE TORRES, insigne trabajador, eminente obrero del arte, gloria de Córdoba, ha muerto. Honrémonos los trabajadores acompañando sus restos desde la Plaza del Potro a su última morada, hoy, a las cuatro de la tarde.
>
> A los que no les sea posible abandonar sus tareas con tiempo, les aconsejamos marchen desde el trabajo a incorporarse a la manifestación de duelo con el honroso UNIFORME de productor.
>
> Os espera, camaradas todos, la Comisión de régimen interior de la CASA DEL PUEBLO.
>
> Córdoba 12 de mayo de 1930

Nadie es profeta en su tierra, y quizá Córdoba, históricamente, ha sido con sus hijos incluso más injusta de lo que resulta habitual y ha infravalorado los logros de muchos de ellos, especialmente en los últimos siglos. Antonio Gala lo explicaba haciendo referencia al pasado glorioso tanto romano como islámico. Al hecho de estar acostumbrados a lo excepcional. Por eso, «para un cordobés, nada es demasiado importante».

Pero Julio logró evitar esa maldición. En ello influyó, por ejemplo, el afecto que la ciudad profesaba a toda la familia. O el hecho de que hubiese dado fama al paisaje tradicional de Córdoba y a sus mujeres; ello hizo que, de una forma u otra, estuvieran presentes en todas sus obras. Por ello nunca se había visto una despedida igual, y luego le sería comparable únicamente la de otro mito local, Manolete. Podemos recurrir otra vez a las reflexiones de Antonio Gala:

> En muy contadas ocasiones llega un pueblo a considerar suyo a un artista. Que un pueblo se reconozca en un modo de arte es el camino más breve de otorgarle la inmortalidad. El hombre que lo consigue no está ya sometido a discusión, ni a crítica.

Nada que ver tuvo, por ejemplo, la despedida de Charles Baudelaire. El poeta falleció el 31 de agosto de 1867, y Carlos Pujol dice que París estaba de vacaciones: «No era un buen momento para morirse y que la gente le hiciera caso». La ceremonia, deslucida, contó «apenas con un centenar de asistentes». Aunque acudieron amigos artistas, se echó de menos a Gautier, a quien había dedicado nada menos que *Las flores del mal.* En el cementerio (Montparnasse), para rematar la faena, empezó a llover a mares.

Otro factor que jugó un papel crucial en que Julio accediera sin discusión ni preámbulos de purgatorio al olimpo cordobés fue el hecho de que muriera relativamente joven y, como Manolete, en pleno éxito. Ello facilitó la mitificación y evitó la habitual paulatina caída en el olvido popular.

De hecho, cuando falleció, la familia estaba rechazando importantes ofertas por cuadros expuestos en la Casa de Córdoba en la Exposición Iberoamericana de Sevilla, comenzada en mayo de 1929 y donde había un salón dedicado expresamente a Julio Romero de Torres. Según las mismas notas para *Espasa*, cuando se inaugura ese salón, el 18 de febrero de 1930, el evento estaba venido a menos. Sin embargo, la obra de Julio despertó tal interés que algunos días llegaron a desfilar ante los cuadros más de sesenta mil personas.

Se exponían en él veintiocho obras, que no se llevaron con la intención de vender, pues pretendía reservarlas para organizar una exposición en Estados Unidos, por ello los precios que se pusieron fueron altos. Sin embargo, ante la insistencia de algunos interesados, se vendieron varios. Tres de ellos fueron los adquiridos por el doctor Uriarte (uno de estos lienzos, como ya hemos dicho, fue *Rivalidad*). En los cuadernos de cuentas, de hecho, aparece un movimiento del 16 de abril de ese año: «Ingresan las 10.000 pts. del anticipo de los 4 cuadros de Julio vendidos en la Casa de Córdoba en Sevilla». Sin embargo, cuando su salud empeoró, se decidió no vender más.

En el mismo febrero de 1930 en que se inauguraba dicho salón, el Gobierno de Bolivia le ofreció hacerse cargo de la Academia de Bellas Artes de Potosí. En palabras de dicho documento, «con objeto de mantener el espíritu de la raza». Julio respondió que ese año no podía porque tenía mucho trabajo, pero lo haría el siguiente: «Será para mí un gran honor llevar mi arte y mi estética, en estos momentos de tantas incertidumbres artísticas, a esas juventudes bolivianas [...]».

Su renombre al otro lado del Atlántico se debía, sobre todo, a la exposición de 1922. La invitación del marqués de Amposta, embajador de España, convocaba a la «inauguración de la exposición de pintura del artista don Julio Romero de Torres, que se realizará en los salones Witcomb el lunes 4 del corriente a las 17 horas. Buenos Aires, septiembre de 1922». El catálogo tenía texto, cómo no, de Valle-Inclán.

La exposición fue un éxito. El artículo del *Diario Clarín* de 2002 que mencionamos en el bloque 2 lo expresaba así: «En esa Buenos Aires que bailaba al ritmo del tango y el charlestón, donde se abrían salas de cine para ver las películas Mudas de Rodolfo Valentino, hubo fascinación con Romero de Torres». Y destaca que muchas damas de familias tradicionales se dejaron retratar por él. Incluso Victoria Ocampo.

El cambio de siglo había traído nuevas galerías de arte a la capital argentina. Y no era la primera vez que lienzos de Julio colgaban de las paredes de las salas de exposiciones bonaerenses. Incluso en la Exposición Nacional del Centenario, en 1910, hubo dos obras del cordobés. Y también estaban presentes en algunas colecciones privadas.

Había un mercado ávido de pintura europea, pero, como explica Diana B. Wescher en su artículo dentro del catálogo *Símbolo, materia y obsesión*, existía una cierta tensión entre el deseo de la creación de una cultura propia o, al menos, no tan dependiente de las raíces españolas y el amplio segmento de la burguesía que buscaba identidad en la tradición. Podemos hablar pues de un «mercado de bienes simbólicos», en el que adquirir una obra de Julio era también adquirir «su dimensión simbólica», adscribiéndose «a un conjunto de ideas e identificaciones socioculturales», vinculándose a la tradición hispana, a las raíces.

Viéndolo con perspectiva, este significado simbólico y de pertenencia mutua (el objeto pertenece a un propietario que por ello se siente más perteneciente a un determinado grupo sociocultural) es un hecho habitual en casi toda adquisición, no solo artística. Sin embargo, resulta innegable que Julio Romero debía de encajar como un guante en ese espíritu, pues, a la estética castiza («española»), su elegante arcaísmo y el valor atemporal de lo simbolizado, sumaba el significado de Córdoba como «aquella región dentro de Andalucía que había sido capaz de condensar diferentes registros de la historia española en su memoria cultural: desde los asentamientos cristianos hasta los romanos pasando por la impronta mora y judía».

Estas palabras nos hacen pensar en Córdoba no como folclore, sino como la suma de todas las culturas que han pasado por ella destiladas hasta convertirse en una sola. Otra vez, la unión de todos los tiempos en un solo momento. En este caso, reconocida y comprada por pudientes bonaerenses fascinados. Julio ya no solo era capaz de conquistar y congelar el tiempo; sino que esa, su conquista, triunfaba en el otro extremo del planeta. Conquistaba el mundo.

No fue esta, ni mucho menos, la única muestra en la que participó Julio en el extranjero. A las mencionadas de Londres (1906), Múnich en 1913 (en la que triunfó con *Las dos sendas*) o Buenos Aires en 1910, hay que añadir las de Londres, en 1914; Buenos Aires, Santiago de Chile y Ámsterdam, en 1912; Chicago y Gante, en 1913; París, en 1919; Venecia, en 1922, entre otras. De la mayoría de ellas se conserva interesante documentación en el Archivo Municipal de Córdoba.

La de la Witcomb, claro está, fue una muestra dedicada por completo a él, lo que supuso que viajara hasta allí junto con Enrique y pasaran una temporada en Buenos Aires, adonde se había marchado su hermano Carlos. El documento familiar cuenta que pintó numerosas damas ilustres, aunque tuvo que rechazar el encargo de algunas otras debido a su regreso a España. Y añade que muchas de ellas viajaban hasta la península con el único fin de ser retratadas por Julio.

A pesar de ello, las cuantiosas ventas provocaron lamentaciones en España por no haber sido esas obras compradas aquí. El Ateneo de Buenos Aires lo nombró socio de honor, y la vorágine de su agenda fue tal que, años después, diría que deseaba volver a la capital argentina, pero «de turista, no a trabajar», añadiendo que tenía la sensación de haber soñado y no haber estado realmente allí.

Al regresar a España en noviembre, tuvo un merecido homenaje en el Ritz, al que asistió José Sánchez Guerra (presidente del Gobierno y cordobés). En Córdoba, fue nombrado hijo predilecto de la ciudad, y en 1923 la reina María Cristina visitó su estudio madrileño, como haría su hijo Alfonso XIII un año más tarde en la plaza del Potro.

Imagen de la película *La malcasada* en la que el pintor aparece junto a María Banquer, Valle-Inclán y el galgo Pacheco.

A nivel nacional, el evento más significativo había sido su primera muestra individual, la exposición en el hotel Majestic de Bilbao en el otoño de 1919. También había viajado allí con su inseparable Enrique y estuvieron casi un mes. En esta exposición triunfó, como ya dijimos, especialmente *La Saeta,* y le supuso igualmente numerosos encargos.

La fama del pintor lo llevó no solo a exponer en el extranjero, sino también a aparecer en la gran pantalla. No puedo dejar de imaginarme la conmoción que causaría en Córdoba ver en los cines a su paisano Romero de Torres, pero la repercusión mediática de Julio era de alcance nacional. Un buen ejemplo lo tenemos precisamente en *La malcasada* (Francisco González Hidalgo, 1926).

En la cinta aparecen (además, con la curiosidad de que hacen de sí mismos) personajes tan variopintos y conocidos como Valle-Inclán, Margarita Nelken, Millán Astray, Azorín, Manuel Machado, Mariano Benlliure, Primo de Rivera o Francisco Franco. Pues bien, el fotograma más conocido de la película no es otro que el de Julio retratando en su madrileño estudio a la actriz María Banquer ante la mirada de Valle-Inclán y con la discreta compañía del galgo Pacheco.

Otro documento cinematográfico que merece la pena destacar es *Julio Romero de Torres,* terminada o montada por Julián Torremocha en 1940, aprovechando la inauguración del monumento al pintor en Córdoba. Más que una película, se trata de una especie de documental que recoge dicho acto, así como una curiosa dramatización del dolor de la ciudad tras la muerte del artista.

Ahora bien, en ella hay imágenes de Julio paseando con su capa y sombrero por las calles de Córdoba y leyendo de pie en el patio de la casa familiar. O sea, Torremocha utilizó material filmado en vida del protagonista. De hecho, María del Mar Ibáñez defiende que se aprovechan fragmentos de, al menos, tres películas anteriores, probablemente cedidos al director por la familia Romero de Torres, entre las que destacaría el proyecto que había realizado con Eduardo Zamacois en torno a 1920.

Antonio Moreno Bello, gran conocedor del cine rodado en Córdoba, señala que los planos tomados en el patio de la casa tienen el formato característico de las pruebas de cámara, lo que resultaría coherente con que Torremocha hubiera aprovechado quizá meros retales de la cinta de Zamacois. Inevitablemente me vienen a la cabeza los cortes de los besos de *Cinema Paradiso.*

En aquellos años pasan por su estudio artistas (otra vez, las notas para *Espasa*), «muchachitas de exquisita sensibilidad» y «damas de alto rango y esclarecido linaje», destacando la visita de la reina María de Rumanía. La francesa Musidora, que se había negado a ser modelo de muchos artistas, se ofreció a Romero de Torres. Y Joséphine Baker dijo en su primera entrevista en España que lo que le había hecho venir a nuestro país era el deseo de ser retratada por el cordobés.

Tanto trabajaba y tanto vendía que no tenía material ni tiempo para su gran sueño: exponer en Nueva York. De hecho, solo dos obras no se vendieron en Buenos Aires, y fue por expreso deseo de Julio. Para una de ellas, *Contrariedad*, había utilizado como modelo a la actriz María Palou, y se habló mucho de la posibilidad de que ambos tuvieran un idilio. Las joyas reflejadas en el espejo harían referencia a los deseos inalcanzables de la protagonista.

El otro cuadro que Julio trajo de vuelta fue el maravilloso *Muerte de santa Inés*, fechado en 1920 y quizá influenciado por *Los funerales de Atala*, de Girodet. Aunque se lo quisieron comprar para la catedral de Buenos Aires, lo reservó para Rosario de Torres, la Santa Madre. En él hay una estética ligeramente diferente que retoma líneas internacionales relacionadas con el prerrafaelismo, en la búsqueda de la idea de espiritualidad.

Muerte de santa Inés. Museo Julio Romero de Torres.

Aquí observamos una cuestión que volveremos a encontrar más adelante: Julio suele relacionar la muerte con las pasiones (el amor, los celos, la venganza...), pero, cuando la erige como tema principal de un lienzo, no parece resultarle algo horrible. *Mira qué bonita era*, de la que repite aquí parte del esquema, tampoco era excesivamente trágica. Quizá se deba a que fuese un creyente convencido de la vida después de la muerte. Aunque también es posible que no estuviera representando una muerte física.

A partir de ese año, es decir, en su última década de vida, tendrá lugar una clara evolución en la pintura de Julio, que recupera los volúmenes y se aleja del hieratismo, pasando, además, a una paleta de tonos más cálidos y oscuros. Es la consagración del cambio que empezamos a observar en *El Pecado* y *La Gracia* y que ejemplificamos con *Ángeles y Fuensanta* y *Rivalidad.*

La prueba de que este avance estético es coherente y se encuentra enmarcado en su personal estilo radica en el hecho de que a menudo el espectador no es consciente del mismo, salvo que se le señale. Tanto *Amor místico y amor profano* como *La chiquita piconera* (por poner dos ejemplos espaciados en el tiempo y la forma) están en el imaginario colectivo bajo el inconfundible paraguas «juliorromeriano», que abarca desde 1907-1908 hasta su muerte en 1930.

Podemos hacer una referencia especial a las obras religiosas, que en esa época pasarán a ser plenamente tales; es decir, la religión ya no será un tema utilizado para sacralizar o complementar otro. Quizá por ello resultan menos irreverentes (también porque el pintor, consagrado, no necesitaba recurrir a la provocación para que sus cuadros fuesen el centro de atención). Y hay, en muchas de ellas, clara presencia de la androginia. Lo más probable es que se deba a la idea de la «androginia divina»: un ser andrógino es un ser más completo y, en consecuencia, superior. Por eso a menudo se ha representado de esa forma, por ejemplo, a san Juan Bautista.

Estas características (sobre todo la primera y la tercera) se observan en una de las obras de la producción del pintor sobre la que más detalles podemos comentar: el *Arcángel San Rafael*, que fue encargada por el alcalde José Cruz Conde en 1925.

San Rafael, custodio de Córdoba, es el personaje religioso más venerado en la ciudad, muy por encima de los patronos, san Acisclo y santa Victoria. Más allá de las tradiciones y leyendas que justifican este vínculo, poco se ha logrado discernir del motivo real de esta devoción, aunque ya comenté que Haim Casas opina que ello se debe, al menos en parte, al hecho de que los arcángeles son seres aceptados tanto por cristianos como por musulmanes y judíos. Por ejemplo, la nutrida y poderosa comunidad judeoconversa que hubo en Córdoba habría preferido, ya fuese por tradición cultural propia, ya fuese por haberse convertido forzadamente, venerar a un arcángel que a dos mártires cristianos.

Esta obra es quizá, junto con *La Saeta*, la que mejor refleja la influencia que el Museo Provincial de Pinturas (Museo de Bellas Artes) había tenido en Julio. Especialmente, de Valdés Leal y Antonio del Castillo. Al sevillano Valdés Leal lo vemos reflejado en la peana, que se inspira, como ocurría en *La Saeta*, en la de *La Virgen de los Plateros*. Y repite algo similar a lo que señalamos en aquella: Julio traslada personajes de otros cuadros a las figuras que decoran la pieza. Pero, en este caso, son del propio Julio, como *Carcelera* y *La Buenaventura*.

Por otro lado, en el Museo se encontraban unos modelos de cartelas de Antonio del Castillo que únicamente mostraban media cartela (pues eran eso, modelos o plantillas); por ello, como un guiño a esta circunstancia, cuando Julio se inspira en una de ellas, tapa la mitad con un muy apropiado manto. Este hecho, tan sutil que solo podrían entenderlo unos pocos, nos muestra hasta qué punto sus cuadros pueden estar llenos de mensajes velados.

Más evidente resulta la feminidad del protagonista. Es sabido que los ángeles no tienen sexo, pero es que aquí vemos a un Rafael femenino; de hecho, este fue encarnado por una mujer, Francisca Colomer Sierra, la Rubia de Málaga. Como decíamos, la androginia se ha relacionado tradicionalmente con la divinidad, pero, del mismo modo que han corrido ríos de tinta sobre la relación de Julio con sus modelos, tampoco han faltado elucubraciones sobre la ambigüedad de obras como esta o el retrato a su amigo Belmonte, así como las connotaciones lésbicas de *Más allá del pecado*.

Muestra la inclusión, una vez más, de esas dos «sendas»; como era habitual en él, no expone dos polos opuestos, sino dos posturas o situaciones dentro de una determinada horquilla. Están representadas por Elisa Muñiz, Amarantina (bailaora sevillana), y por Custodia Romero (cantaora de Linares, conocida como la Venus de bronce), que le ofrece unos claveles blancos. En este caso, ambas mujeres son sensuales, aunque una tenga un toque devoto y la otra no.

Otras obras religiosas de esta etapa final son *Samaritana*, quizá la única obra donde aparece Jesucristo (a quien, por cierto, la samaritana parece no escuchar); *Magdalena*; *Salomé*, de 1926, protagonizada por Asunción Boué, o *Cabeza de santa*, de 1925, evidentemente influenciada por Valdés Leal. Para las cabezas cortadas de estas dos últimas obras tomó como modelo el rostro de Amalia la Gitana, con un resultado también andrógino.

Jaime Brihuega se extendía sobre diversos asuntos, como la androginia o los cambios referidos a las texturas, y señalaba que Julio, desde 1915 (traslado oficial a

Madrid), se aleja del idealismo para sumergirnos en una «palpable promiscuidad sensorial con la materia». El concepto es acertado, pero, en mi opinión, no la relevancia de la fecha. En primer lugar, porque él siempre había frecuentado la capital. En segundo, porque el gran cambio se deja ver desde 1920 o incluso 1925.

Lo que estamos contando es, enunciado de otra forma, un curioso cambio en las influencias que ya empezamos a ver en el bloque anterior. De la de su padre y hermanos, de los Rusiñol, de los Casas o de los Bilbao, en sus primeros años, pasó a la europea, la renacentista y la bizantina. Y ahora empieza a dar mayor cabida a otras que, si bien antes habían estado presentes, lo habían hecho de forma más aislada. Nos referimos, sobre todo, a los grandes maestros españoles, como el Greco (en los fondos diluidos). Pero también se ha querido ver la trascendencia de alguna influencia extranjera, como la de Franz Von Stuck. Sin embargo, la presencia clave en esta última etapa de Julio sería la de Valdés Leal, que hemos ya mencionado varias veces y sobre el que Enrique organizó una gran exposición.

El sevillano había sido un artista hermético que aparece mencionado en muchos textos como alquimista. No casualmente, el título de una de sus obras más conocidas, *Finis gloriae mundi*, fue utilizado para una de las principales publicaciones sobre alquimia realizadas en el siglo XX, firmada por Fulcanelli. Esta disciplina tenía una evidente proximidad con el oficio de la platería, que dijimos que estaba especialmente extendido en la zona del Potro y la parroquia de los Santos Nicolás y Eulogio de la Ajerquía. Casualidad o no, a él (Valdés Leal) le había encargado el gremio de los plateros el cuadro de la Virgen que luego tanto imitaría Julio.

Salomé. Museo Julio Romero de Torres.

Todo va cristalizando, o casi diríamos centrifugando, y en sus últimos años de vida Julio nos introduce en nuevos colores y contornos, en una atmósfera envolvente que Antonio Martí señalaba como característica del simbolismo: «Un sutil entusiasmo religioso remueve la atmósfera simbolista; una atmósfera densa y húmeda, de invernadero». Sus personajes ya no nos observan hipnotizados, sino que casi nos invitan a entrar en el lienzo y a deambular por los solitarios páramos. A esta etapa debía referirse Antonio Gala cuando decía que Julio pintó una Andalucía «entre idealista y simbolista, a una luz seca, crepuscular, inexistente».

Y, una vez más, la estética de Julio es coherente con las ideas expuestas por Valle-Inclán, que hablaba de una anciana invidente que frecuentaba su casa cuando era pequeño:

> Sabía contar cuentos, y todos tenían una evocación nocturna [...]. Nunca sucedían en el mundo de nuestros sentidos [...]. Eran relatos campesinos que convertía en mitos de alma milenaria [...]. Emanaba una sensación de silencio de aquellos relatos forjados de augurios, de castigos, de mediaciones providenciales [...]. Desaparecía la idea temporal [...]. El alma de la ciega era como un caracol marino lleno de resonancias, oía las voces de cien generaciones [...].

Ahora, piense, querido lector, si la pintura de Julio Romero en estos años no encaja más con este universo mágico, fabuloso y atemporal descrito por Valle-Inclán que con cualquier interpretación tradicional que se le haya querido dar, ya sea intelectual o folclórica. Dejo que saque sus propias conclusiones. Si quiere ejemplos, puede contemplar *La nieta de la Trini*, *Ofrenda al arte del toreo*, *Naranjas y limones* o *La Copla*. Obras que, por cierto, no dejan de ser la repetición de antiguos temas siguiendo esta nueva estética, como ocurriera con *Rivalidad* respecto a *Ángeles y Fuensanta*.

Así, *La nieta de la Trini*, de la que el pintor llegaría a decir que era su mejor obra, sigue, de forma invertida, el mismo esquema que *La musa gitana*. Mientras que *Ofrenda al arte del toreo* es, conceptualmente, una evolución de *Machaquito como apoteosis del toreo cordobés*. En la más tardía de estas dos, hay más referencias a la muerte, mientras que el triunfo queda relegado a una presencia mucho más sutil, representándose solo con una rama de laurel. Y en la inscripción del suelo (que parece funeraria) se hace referencia a Lagartijo, Guerrita y Belmonte.

La nieta de la Trini. Museo Julio Romero de Torres.

Pero si la pose de Machaquito se inspiraba en *La Victoria de Samotracia*, la de la mujer de este lienzo, apoyada en un quicio, no deja de asemejarse al contraposto y a la curva praxitelianos característicos de una escultura clásica. Debido al capote, puede recordarnos, de hecho, a una Venus en el baño. Y, acercándonos mucho en el tiempo, a las caderas y a las telas de *Mujeres junto al mar*, de Chavannes.

Este asunto de los *remakes* será común en sus últimos años, como seguiremos comprobando, pero no solo renueva antiguos temas en lo que a las formas y colores se refiere, sino también en cuanto a lo sencillo de las composiciones. Cada vez sus lienzos son más condensados y transmiten más con menos. Ahora le basta un personaje, apenas un par de ojos, para volver a transmitirnos un valor, un concepto más allá del tiempo: todo un universo. *La consagración de la Copla*, por ejemplo, se reduce a un personaje en *La Copla*, encarnada esta en Josefa Suárez Paria.

Y esa depuración también se aplica a los fondos y escenas secundarias. Hay casos moderados, como *Naranjas y limones,* donde el frondoso patio de sus obras de juventud queda reducido a un naranjo, unas cuantas macetas y un guiño a la colección arqueológica familiar. Pero otros son incluso más sencillos, y algunos ni siquiera tienen fondo. Por lo general, Córdoba empieza a obviarse: está presente a través de la modelo o por el simple hecho de ser una pintura realizada por Romero de Torres, pero no se representa. Córdoba sigue estando, pero no se ve. Se intuye. Es puro simbolismo.

Retomar temas para reinterpretarlos, actualizarlos o perfeccionarlos es algo habitual en cualquier artista. Pero, en el caso de Romero de Torres, podríamos además considerarlo como parte de aquella visión cíclica del tiempo: el crecimiento real no es lineal, sino espiral, lo que implica volver a transitar una y otra vez por la misma senda, pero en nuevos niveles. Por otro lado, la decumulación es un síntoma inequívoco de madurez. Y Valle-Inclán también lo había dicho ya antes: «El poeta reduce el número de alusiones sin trascendencia a una divina alusión cargada de significados».

Esta evolución (sobre todo los tonos y sencillez compositiva) se aprecia en la mayoría de los numerosos retratos femeninos que realizó en la segunda mitad de la década de los 20, entre los que debemos destacar las *Chiquitas buenas,* una serie que tomó el nombre de uno de ellos, fechado en 1927. Influidos por Leonardo da Vinci, como lo estuviera *La sibila de la Alpujarra,* sin embargo, estos solían tener un fondo neutro y a veces incluían algún objeto, profundizando cada vez más en las miradas y el retrato psicológico: *Ángeles, Eva, Mary Luz, La niña del candil, Fuensanta, La niña de la jarra…* Siendo quizá su culmen uno que tuvo la singularidad de realizarse desde la espalda: *Viva el pelo,* del que Rafalito haría muchas copias con las que obsequiaba a visitantes ilustres.

La Copla. Museo Julio Romero de Torres.

Una de las modelos que repitió varias veces en este grupo fue María Teresa López, que se convertiría en su obsesión, cuando menos artística, y que pasaría a ser inmortal al encarnar la más renombrada de esas «chiquitas»: la piconera.

De sangre cordobesa («por los cuatro *costaos*», en sus palabras), María Teresa había nacido en Argentina el 11 de septiembre de 1913, pero su familia regresó a España en 1920. Según explicaba, al año siguiente empezó ya a posar para el maestro. Se conocieron porque ella era vecina de una «mandadera» de la familia Romero de Torres, y el padre no puso trabas al asunto porque era amigo de Julio (tenía negocios con Enrique) y venía de América «con otra mentalidad». Cobraba tres pesetas por sesión, cada una de ellas interminables, pues contaba que Julio «se ponía a pintar y perdía la noción del tiempo». Solo descansaban un momento cuando les traían un vaso de leche para ella y un café para él.

Todavía en Madrid, Julio había retomado, en su obra *Nocturno*, el tema de la prostitución de *Vividoras del amor*. Y, sobre todo, en una creación que repetía la mujer del brasero de *Vividoras*, llamado *Composición con la chiquita piconera*. Sin embargo, la delicada salud del pintor lo hizo volver a Córdoba, dejando el proyecto inacabado en la capital, y continuó la idea con fuerza en la vivienda familiar, tomando como modelo a María Teresa en un nuevo lienzo, llamado simplemente *La chiquita piconera*.

Podríamos hablar de la influencia que tuvo de ciertos *Caprichos* de Goya o de alguna «gitana» de López Mezquita; de la presencia de los objetos de cobre, tan común en las obras de esta etapa; de la posible desproporción entre tronco y piernas; de texturas, como las de las medias (al hilo de Jaime Brihuega), etc. Pero lo que realmente marca la diferencia y nos cautiva, nos captura, son los ojos. Quizá la más impresionante de todas las miradas llevadas al lienzo por el pintor.

Bendición. Retrato de María Teresa López dentro de la serie de *Las chiquitas buenas*. Museo Julio Romero de Torres.

Francisco Villaespesa hablaba de ese casi secuestro que sufrimos al observarlos, afirmando que las mujeres de Julio nos miran «arrastrándonos insensiblemente, hasta hundirnos en sus mágicas galerías de infinito, donde en un instante vivimos eternidades, y gozamos y sufrimos todos los sueños y todas las realidades de la vida, del amor y de la muerte [...]».

Lourdes Moreno, recordemos, reflexionaba sobre la emoción contenida y la vida interior que se desborda por ellos. La resignación ante su condición. Y yo añado: la resignación ante el tiempo que no pasa. Ante los hechos repetidos una y otra vez.

La obra ha llegado a ser tan reconocida que algún visitante que he guiado por el Museo Julio Romero de Torres me ha preguntado, emocionado, si el cuadro era el auténtico. Pero no es, como habitualmente se dice, la que se plasmó en el billete de cien pesetas que estuvo en circulación desde 1953 hasta 1978.

La empleada para ello fue una que no muestra un tema tan controvertido y que, por cierto, no se encuentra en Córdoba: *Fuensanta,* que igualmente incluye un objeto de cobre (era el cuadro con el que decía María Teresa que había visto «agrio» al pintor porque ella no podía mantener bien la pose abrazando «la olla»).

Sobre la relación personal entre ambos han corrido ríos de tinta. Ella negó durante décadas que hubiera tenido lugar cualquier aproximación por parte del pintor, pero en sus manuscritas memorias parece contar algo diferente. No en referencia a los primeros años, pero sí a cuando ya era adolescente. En todo caso, los rumores, siempre mayores que la realidad, fueron una maldición que estigmatizaría su posterior noviazgo, su corto matrimonio y su vida entera.

Viva el pelo. Museo Julio Romero de Torres.

La pintaba cuando venía a Córdoba en vacaciones, a diario, sobre todo de los catorce a los dieciséis años, llegando a hacer, según ella, unos treinta cuadros, porque decía que le cundía mucho: «Me pintaba en un día, porque me tenía muy vista». Empezaron en el estudio antiguo. Pero a finales de 1927 se inauguró el que hoy se conserva, aislado del resto de construcciones al fondo del patio interior. En él era donde se encontraba, en una pared, la colección de fotografías de artistas (mujeres) dedicadas a Julio, Enrique, Rafael y Rafalito, entre las que estaban muchas de las dedicatorias a Enriquito que hemos mencionado en el primer bloque. Allí se pintó, pues, *La chiquita piconera.* En un patio cordobés.

Ya en sus últimos días, estando muy enfermo, el maestro tenía el caballete en su habitación, a los pies de la cama, y la pintaba el rato que podía. Así quedó inacabada *Monjita.* También había utilizado a María Teresa López como modelo para otra muy conocida obra de esa época: el cuadro-cartel de Bodegas Cruz Conde, resultando así un triángulo final protagonizado por ella: *La chiquita piconera*, el cartel de Bodegas Cruz Conde y *Fuensanta*, al que añadir la *Monjita* sin concluir.

Además de esta última y de la mencionada *Composición con la chiquita piconera*, también quedó inconcluso el retrato de doña Magdalena Muñoz-Cobo y Burgos, IV condesa de Colomera. Julio era amigo de su familia (de hecho, no fue la única llevada al lienzo por él), y el cuadro fue un encargo que iba a servir como regalo de boda, que tendría lugar el 23 de mayo de 1930. Magdalena aparece ataviada como reina de los Juegos Florales, y Mercedes Valverde comentaba en la conferencia sobre joyería que la diadema de brillantes sigue el esquema que había puesto de moda la reina Victoria Eugenia con la diadema que Alfonso XIII le regalara por su enlace en 1906. El evento que hizo que el majarahá conociera a Anita Delgado…

Esta obra desprende unos toques de modernidad en la representación de la modelo que también vemos en otra de un lustro antes (1924): *Diana cazadora*, retrato de Marichú Begoña, que es buena prueba, como la modelo del *San Rafael*, de que el artista no solo pintaba mujeres morenas. Su espalda nos recuerda a la de uno de los personajes de *La fragua de Vulcano*, de Velázquez, y el sencillo fondo, en el que sitúa la iglesia de San Lorenzo, refleja la clara influencia del Greco.

Julio, junto a Pacheco. Museo de Bellas Artes.
Colección Junta de Andalucía.

Tiene además la curiosidad de ser su único cuadro conocido de tema mitológico (hay otros que incluyen detalles). Y no quiero dejar de bucear de nuevo en los significados y paralelismos profundos de ciertas obras: la diosa Diana era la protectora de las vírgenes. Santa Inés, que pocos años antes pintase y trajese de vuelta de Argentina, es la patrona igualmente de las doncellas.

Pero, sobre todo, *Diana* destaca por ser una de las dos obras que se encuentran en el Museo Julio Romero de Torres en las que aparece su galgo Pacheco. Una raza canina que, por cierto, estaba de moda en aquel tiempo: como me recordaba Jesús Cabrera, el alcalde de Córdoba Pedro Barbudo iba a los plenos del Ayuntamiento con el suyo.

Pacheco fue acompañante inseparable de Julio tanto en su estudio como en largos paseos, incluso nocturnos, por Córdoba y Madrid. Se cuenta que no se alejó ni un instante del féretro durante el velatorio. Por todo ello, sería incluido acompañando a su dueño en el monumento que se inauguraría en 1940.

Parece que fue en 1922, meses antes de la exposición en Buenos Aires, cuando, en un viaje a Porcuna para visitar a unos amigos de su etapa trabajando en la iglesia de la Asunción y que tenían muchos perros de caza, le regalaron (o Julio, encaprichado, casi lo birló) un galgo negro. No falta una versión que sitúe el origen del animal en Madrid, pero no son necesariamente contradictorias: Mercedes Valverde nos contaba que María Romero de Torres Pellicer le había hablado de que su padre había tenido más de un galgo similar con el mismo nombre.

Nombre que, por cierto, fue elegido en honor al bandolero cordobés José Tirado, apodado Pacheco, que falleció en 1868 y pasó a ser una leyenda al estilo de Robin Hood.

Incluso aparece en *La feria de los discretos*: «Yo soy Pacheco el caballista; vamos, Pacheco el bandido». La admiración que Julio sentía por este personaje está fuera de toda duda, pues tenía en su estudio de Madrid una foto suya. No debemos descartar, sin embargo, la posible influencia de Francisco Pacheco, pintor de los siglos XVI y XVII, a la postre maestro y suegro de Velázquez.

Diana cazadora. Museo Julio Romero de Torres.

Pacheco (o, quién sabe, uno de los Pachecos) aparece también en *Cante hondo*, una obra en la que del cariz onírico del fondo de *Diana cazadora* viajamos prácticamente hasta el surrealismo. De hecho, muchas de las personas a las que muestro el museo, al verlo, comentan: «Es puro Dalí» o «Parece un fotograma de Buñuel». Y rezuma una de las características del simbolismo: sinestesia. Pues se trata de una obra plástica, pero al mismo tiempo destila literatura y música.

Quizá haga referencia a la propia muerte del pintor, siendo su lienzo definitivo, en la línea de tantos escritores de su tiempo (algunos de ellos, amigos suyos) que pretendían realizar una obra total. En 1928, se pronunciaría, de hecho, mostrando una visión similar: «Mi aspiración, mi anhelo, es que de toda mi obra quedara un cuadro, uno sólo. Hacer una obra que llevara algo de eternidad».

Esta idea de que la muerte plasmada sea la suya propia está apoyada por diversos detalles, como el hecho de que sus hijos flanquean el féretro y Pacheco le llora (o aúlla). Y, aunque ya hemos visto que no es algo exclusivo de esta composición, hay referencia a otras anteriores del maestro en el pedestal, o los guiños no casuales a Goya y Manet en las escenas del fondo.

No son pocas las culturas en las que un cánido es el guía de las almas al otro mundo. Un papel llamado «psicopompo», como el dios egipcio Anubis, guardián de las tumbas, o como sucede en el relato hindú del *Mahabarata*, en el que Dharma se transforma en este animal y acompaña hasta las puertas del cielo a Yudishthira. Sin embargo, creo que, en este caso, el motivo es más simple: igual que para acompañar a la diosa cazadora representó, como es lógico, al perro que tenía más cerca (precisamente un galgo), para su hipotético propio funeral lo incluyó también a él, despidiéndolo.

Sea como fuere, para profundizar en esta obra debemos rescatar una de su etapa de juventud: *Mira qué bonita era*, que había obtenido mención honorífica en la Exposición Nacional de Bellas Artes de 1895 y a la que el acta de la reunión del patronato del Museo de Bellas Artes celebrada el 31 de diciembre de 1936 se refiere como «primer cuadro de composición que pintó Romero de Torres cuando era casi un niño». *Cante hondo* no solo es un cierto *remake* del tema, sino que utiliza un féretro idéntico.

Mira qué bonita era tuvo su precedente, como ocurrió con otros lienzos de Julio, en una ilustración suya; en este caso, la realizada para el poema de Manuel Reina *La joven de los ojos negros*. Se aprecia influencia de *La coronación de espinas*, de Anton van Dyck, que se encuentra en el Museo del Prado, y de la leyenda *La venta de los gatos*, de Gustavo Adolfo Bécquer, tomando el nombre de una soleá:

Campanillero del alma,
mira qué bonita era
se parecía a la Virgen
de Consolación de Utrera.

Tradicionalmente se ha dicho que el velatorio representado habría tenido lugar en el barrio de Santa Marina y que el niño que asoma por la ventana sería el propio Julio, que, impactado por el episodio, lo habría llevado al lienzo años después. No falta la versión en la que la chica fallecida era su novia. El artista, por supuesto, era el primero que alimentaba estas historias. Independientemente de que fuesen reales o no, se antojan «minimeces» al lado de lo de ganarle el oso al húngaro jugando al tute.

Lo que resulta evidente es que, en esta obra, Julio, que contaba entonces con veinte años, ya plasmó los tres vectores que articularían toda su producción: la mujer, la música y la muerte. Temas de por sí muy interrelacionados. Vuelve a resonar el universo paralelo lorquiano: «Las coplas tienen un fondo común: el amor y la muerte». Triángulo (música, pasión y muerte) que sería especialmente obvio en la última etapa del pintor. Solo hay que ver el lienzo *La Copla*, navaja en el liguero incluida, o la propia *Cante hondo.*

Imagen actual del estudio inaugurado en 1927 en el patio interior.

Tan aficionado era a la música que llegó a decir que, si hubiera podido elegir entre ser Leonardo da Vinci o el cantaor Juan Breva, habría preferido a este último, «pero, ¿para qué repetirlo? Fracasé». Fuensanta García recordaba su participación en el Festival de Las Minas de la Unión en Murcia y que fue miembro del jurado del Concurso de Cante Hondo celebrado en 1925 en el Teatro Pavón de Madrid. Además, ya dijimos que en 1912 Machado le había dedicado *Cante hondo*, y Julio ilustró la portada.

El propio pintor unía todos los puntos en 1927 con esta reflexión:

> El principal motivo de inspiración de mis cuadros reside en la emoción trágica, atormentada y doliente de ese hondo cantar andaluz, que más bien que cantar es una salmodia, una plegaria, una queja o un insulto. Mis cuadros son el producto, más o menos genuino, de esa emoción popular que yo he sentido toda mi vida.

Mira qué bonita era. Museo Julio Romero de Torres.

Pero, si la datación de *Mira qué bonita era* deja poco lugar a dudas por su participación en la Exposición Nacional de 1895, no ocurre igual con *Cante hondo.* Aunque tradicionalmente se ha fechado en los últimos años del pintor, parece haberse demostrado que se estaba realizando en 1923. Ello podría alejarlo de la idea de obra definitiva, pero resulta cuando menos coherente, pues lo vincula cronológicamente con *Diana.* No lo decimos por cuestiones estéticas, sino por sendas apariciones de Pacheco. Pero también lo aproxima en el tiempo a *Poema del cante jondo* (1921) de Federico García Lorca y al Concurso de Cante Jondo celebrado en Granada en 1920, que fue el primer certamen nacional del cante y que tuvo que ver con el hecho de que en estos años el tema suscitara tanto interés.

Ello me lleva a plantear aquí una idea personal: que la muerte que representa esta obra (o quizá ambas) sea una muerte alegórica. Es algo muy común en el arte y la cultura. Muchos relatos de diferentes religiones hablan de retornos (habitualmente a los tres días de una muerte o desaparición), que en cierto sentido no dejan de ser iniciaciones o periodos de aprendizaje. En la Biblia, sin ir más lejos, tenemos algunos; por ejemplo, la historia de Jonás. Y un sinfín de cuentos tradicionales son protagonizados por una joven que, destinada a un gran futuro, guarda un profundo sueño a la espera de un (nuevo) despertar. De hecho, no creo que se pueda negar la influencia en el esquema de *Cante hondo* de *La bella durmiente,* del prerrafaelita John Collieu, producción realizada en 1921.

En los casos que nos ocupan, quizá, Julio hiciera alusión a un despertar o renacer artístico. Además, esa idea de muerte alegórica o iniciática sí incluye en la coctelera al psicopompo encarnado en un perro, pues también eran acompañantes durante estos trances. No son pocos los viajes que, en diversas tradiciones, han sido acompañados o guiados por perros: sin ir más lejos, un perro acompañaba a Tobías y a san Rafael.

Monjita. Museo Julio Romero de Torres.

Cante hondo puede entenderse como una excepción a la simplicidad y decumulación dentro de su etapa final. Sin embargo, es algo relativo (sobre todo, si la fechamos en 1923). *La consagración de la Copla* queda, como copla, reducida a un solo personaje en *La Copla*; sin embargo, como obra total, quedaría también bastante simplificada en *Cante hondo*, que, además, repite parte de su estructura. Dicho de otra forma, en *Cante hondo* no se estaría destilando un tema, sino toda su obra.

No sería solo la posible visión de su futura muerte (cercana o no, dependiendo de la fecha de realización), sino que incluía un retorno a la obra de treinta años antes: pasado, presente y futuro volvían a unirse. Como en la película *La gran belleza*, toda la vida no era más que el intento de revivir un instante de belleza juvenil.

En noviembre de 1929 decía que Madrid le aburría y que no se podía vivir en ciudades de menos de ochocientos mil habitantes, por lo que tenía previsto mudarse a París. Estaba, además, decidido a exponer en Nueva York, un sueño que llevaba diez años persiguiendo y sin poder cumplir, según explicaba, porque vendía todos los cuadros que pintaba. Por eso se negaba a desprenderse de los de la Casa de Córdoba, pues los guardaba para «esa América insaciable».

Sin embargo, la energía de su cuerpo físico no acompañó la inquietud de su espíritu. Su salud flaqueó y hubo de volver a Córdoba, al último reducto al que se refería Antonio Gala, a sanarse. O a morir, como decía Federico García Lorca.

La causa de la muerte nunca ha estado clara. Habitualmente se ha hablado de tuberculosis o alguna cuestión hepática, aunque tampoco han faltado hipótesis que achacaban el asunto a afecciones venéreas. En cambio, la propia María Teresa López recordaba que el motivo fueron complicaciones relacionadas con la vesícula, un diagnóstico que coincide, de hecho, con el que aparece en el propio certificado de defunción de don Juan de Dios Jimena Fernández: fallecimiento por angiocolitis.

Pintó hasta el último momento, como también recordaba María Teresa en referencia a las sesiones para el inacabado *Monjita*:

> Él tenía el caballete a los pies de la cama. Si estaba mejorcito, pintaba. Si se ponía peor, se acostaba y yo me iba fuera. Así estuvo cuatro o cinco días. Un día fui a la hora de siempre y ya se había muerto.

La tradición cuenta que su última frase habría sido: «Quitadme esa luz tan cruda, me hace daño. Además, estropea la que llega del jardín, tan suave». Salieran las palabras de su boca o no, es muy probable que sintiera algo parecido. Eran las once de la noche un día de primavera. Pacheco llevaba muchas horas comportándose de un modo extraño. Y Julio, que ya había pintado su adiós, solo quería hacer lo mismo que la Madrina de Valle-Inclán y el fantasma de Melquíades: viajar a un lugar mejor a través de la divina luz del patio.

EPÍLOGO
El tiempo

Especialmente dedicado a Mercedes Valverde, José María Palencia, Fuensanta García y María del Mar Ibáñez. Todos ellos me han ayudado a descubrir, valorar y soñar el Museo Julio Romero de Torres, el Museo de Bellas Artes de Córdoba y la colección Romero de Torres de la Junta de Andalucía.

Portada Museo Julio Romero de Torres en el patio principal.

«Nada es como es, sino como se recuerda».
Ramón María del Valle-Inclán

El 22 de julio de 1930, apenas dos meses después de que Julio se despidiera entre flores, Enrique comunicaba al patronato del Museo de Bellas Artes el deseo de su cuñada y sus sobrinos de depositar sus obras en dicha entidad (luego se realizaría una donación de las mismas al pueblo de Córdoba).

Es probable que la decisión ya hubiera sido tomada antes de fallecer el artista e incluso que él estuviera de acuerdo (aunque creo que, en ese caso, el hecho de que la acción fuera voluntad del pintor sería algo que la familia habría difundido). De todos modos, lo que nos interesa es que, desde el adiós del maestro, el tiempo empezaba a ser algo relativo, a suspenderse como en sus cuadros.

El conjunto de obras estaba conformado, sobre todo, por las que se encontraban en Sevilla, así como por las que estaban en la casa familiar y otras que permanecían en el estudio de Madrid. Algunas quedaron sin terminar, como el retrato de Magdalena Muñoz-Cobo o la *Monjita*, encarnada por María Teresa López.

Rafalito fue el encargado de ir a desmontar el estudio de su padre en la capital y gestionar el retorno de obras y enseres personales. Y adivinen quién lo acompañó en el tránsito. El otro inquilino de aquel espacio, además del pintor: el galgo Pacheco. Curiosamente, el animal aquí sí que actuó como indudable psicopompo, pues fue el compañero de Rafael tanto en el viaje físico como en el trance vital que atravesaba.

Retrato de doña Magdalena Muñoz-Cobo y Burgos. Museo Julio Romero de Torres.

Con esos cuadros se forma entonces el primer Museo Julio Romero de Torres, dependiente del Museo de Bellas Artes y ubicado en el pabellón al sur del patio que hemos señalado por motivos diversos. La biografía para *Espasa* así lo resume: «En el patio principal del Museo Provincial de Bellas Artes, y a la derecha de su entrada, se halla un pabellón con preciosa fachada policromada del siglo XVIII, donde se ha instalado el Museo Julio Romero de Torres».

Se refiere a una fachada interior que da al patio distribuidor y que, según el documento relacionado con la jubilación de Enrique que citamos en el «Lienzo 3», había sido descubierta por este en 1924: «También descubrió la fachada policromada de estilo barroco, que hoy sirve de entrada al Museo Julio Romero de Torres». En *Paseos por Córdoba,* medio siglo antes de la muerte de Julio, decían que era «otro departamento del patio de la Caridad, donde su cofradía tuvo la sala de cabildos o sesiones» y donde en aquel momento se encontraban «establecidas la Sociedad Económica y la Academia de Ciencias, Bellas Letras y Nobles Artes [...]».

Como explicamos cuando abordábamos las modificaciones en la plaza del Potro, aún en vida de Julio se había comprado la casa adyacente, que estaba sobre el pasillo de acceso al patio distribuidor, para ampliar este recinto. Al morir el pintor, sin la intervención acabada, se destinó a este Museo Julio Romero de Torres, que fue inaugurado el 23 de noviembre de 1931 con la presencia de numerosas autoridades.

Pero lo limitado del espacio hizo comprar la casa siguiente y ampliar las salas, de forma que tuvo lugar una nueva inauguración en la primavera de 1936. El acta de la reunión del 31 de diciembre de ese año del patronato del Museo de Bellas Artes así lo refleja:

> [...] para el decorado de las nuevas salas del Museo Julio Romero de Torres, las cuales se inauguraron con gran solemnidad el día 24 de mayo último, asistiendo el Sr. Subsecretario de Instrucción Pública, en representación del Ministro, en unión de las autoridades locales Militares y Civiles, Corporaciones y Centros de Cultura, que admiraron la magnífica instalación hecha, no sólo con los cuadros, muebles y objetos donados por los herederos de Romero de Torres, que ya constituían las primitivas salas, sino además, las nuevas cesiones de éstos y de algunos particulares, así como los Depósitos de cuadros, solicitados por el patronato y concedidos por el Estado y el municipio de la ciudad que han enriquecido extraordinariamente esta ya célebre pinacoteca [...].

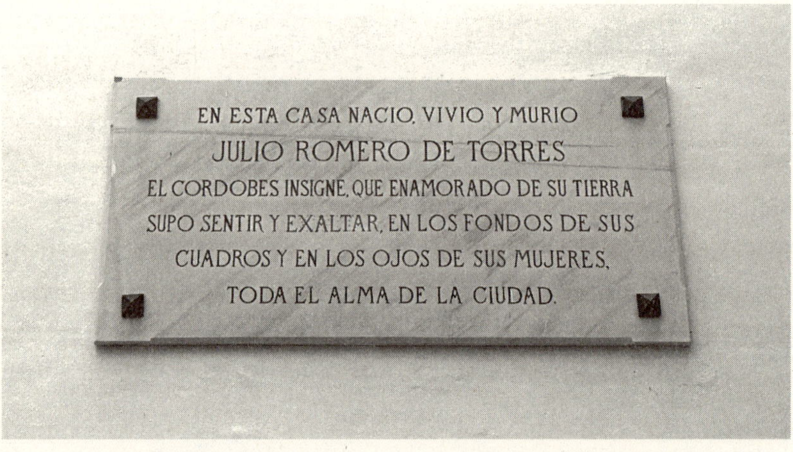

Si prestamos atención a la fecha, esa segunda inauguración tuvo lugar menos de dos meses antes de que comenzase la guerra civil española. Esta acta, de finales de 1936, cuando la contienda llevaba ya seis meses, incluye la siguiente curiosidad:

> Con fecha del 17 de agosto último, el Director del Museo, comunicó al Excmo. Sr. Gobernador Civil que, a consecuencia del criminal bombardeo de aquel día, y por caer una bomba muy próxima al edificio, se derrumbaron todos los cristales de los grandes lucernarios del pabellón en que está instalado el Museo Romero de Torres, sin que afortunadamente ocurrieran otros deterioros en el edificio, dándose cuenta asimismo de que todos los cristales estaban ya nuevamente colocados.

Fuensanta García rescata en su artículo «Los orígenes de la museología y la museografía en Córdoba» un hermoso texto de Patrón de Sopranis:

> Los Romero de Torres supieron organizar el Museo provincial y más aún el del gran maestro cordobés, rodeando de caricias, de celos de novia y de amores encendidos un hogar en el que vive su obra. Porque este sentido del museo moderno con su luz estudiada y justa, exactamente medida. Los cuadros expuestos y no colgados, cada uno en el lugar que le corresponde. Y todo ello rodeado de un ambiente que debe ser en algo parecido, y amigo acogedor, como lo era el mismo estudio del artista y las cosas de que gustaba rodearse.

En el mismo artículo, por cierto, Fuensanta recuerda que también en esos años se gestionó la donación de las obras de su padre al Museo de Bellas Artes: «El otro espacio singular es el despacho del Patronato del Museo, compartido con la llamada sala Romero Barros, donde se exponen las pinturas depositadas y donadas en 1926, 1937 y 1938 por sus descendientes».

Los responsables del museo de Julio serán, por lógica y extensión, Enrique y Rafalito. Trajeron diversos elementos decorativos de la Casa de Córdoba en la Exposición Iberoamericana de Sevilla (vitrinas, telas…) y recrearon, en lo posible, su estudio. El documento familiar así lo recuerda:

> A la derecha de la estancia, hay otra en la que se ha intentado reproducir el estudio de Madrid, si bien es sólo un recuerdo por las pequeñas dimensiones de la sala. No obstante, allí están las cajoneras donde el pintor guardaba las cosas íntimas, la *chaise longue* donde descansaba, contadores, el busto de su padre hecho por Juan Cristóbal y un soberbio retrato de Romero de Torres hecho por Anselmo Miguel Nieto.
>
> En el sitio donde él solía pintar, hay un caballete con el cuadro que dejó a medio terminar, y ante él la silla de tijera con la paleta y los pinceles como si se hubiera levantado por un rato y hubiera de volver.

La primera musealización, por tanto, recreaba en la medida de lo posible tanto la última muestra en la que participó como su estudio. Es decir, el lugar llamado a ser eterna exposición del pintor intentaba congelar ambientes relativos a su vida al punto de que, como refiere el texto, parece esperar su regreso. Además, no debemos olvidar que la muerte (quizá incluso su propia muerte) estaba muy presente en su obra desde años atrás.

Así, el límite marcado por la trágica fecha del 10 de mayo de 1930 empieza a desdibujarse, y la ausencia física del maestro se convierte en algo relativo. Si su multitudinario funeral había sido la muestra de que ya había conquistado la ciudad, poco a poco se comprobaba, de forma implícita, que también conquistaba la muerte. Una vez más, esta se confundía con la vida, eran la misma cosa, pues el reloj no avanza de forma lineal. Como en sus cuadros. Y esa sería la tercera conquista, comenzada igualmente en sus lienzos: el tiempo.

Podemos ver a la ciudad y la muerte, seductoras y lustrosas, en el Museo Julio Romero de Torres (que actualmente ya es una entidad municipal, independiente del Museo de Bellas Artes). Referentes a la parca allí cuelgan, por ejemplo, *Cante hondo, Ofrenda al arte del toreo, Salomé* o *Muerte de santa Inés.* También *Mira qué bonita era,* lienzo en depósito que es propiedad del Estado español, al igual que *El Pecado.*

Curiosamente, el depósito de *El Pecado* en el Museo Julio Romero de Torres se menciona en el acta del patronato del Museo de Bellas Artes del 31 de diciembre de 1936. Sin embargo, *La Gracia* había sido comprada por un industrial americano tras la Exposición Nacional de Bellas Artes de 1915 y, tras un largo peregrinar, solo volvería a unirse con su pareja cuando, en el año 2000, fue adquirida por el Ayuntamiento de Córdoba. Es decir, se da la paradoja de que el cuadro que es del Estado lleva mucho más tiempo en el museo que el que actualmente es propiedad municipal.

También tenemos la ciudad, cómo no, en *Poema de Córdoba.* Y una curiosa comparación podemos hacer entre el fondo neutro del retrato de *Ysolina Gallego de Zubiarre* (también propiedad estatal, por cierto) y el fondo cordobés de *Flor de Santidad.* Sin olvidar *Nuestra Señora de Andalucía*, *La nieta de la Trini*, *Naranjas y limones*, *San Rafael* o, por supuesto, *La chiquita piconera.*

Monumento de los jardines de Agricultura.

Poco después de la segunda inauguración del Museo Julio Romero de Torres, debía haber tenido lugar la de su monumento en los jardines de Agricultura, realizado por Juan Cristóbal González de Quesada, amigo del pintor, que también había llevado a cabo el busto de su padre para el patio principal del museo. La Asociación de la Prensa de Córdoba había sido la que lanzó la idea tras el fallecimiento, y la suscripción popular se había iniciado rápidamente. Sin embargo, el estallido de la guerra civil en España retrasó la inauguración hasta 1940. Ese fue, por cierto, el evento en torno al cual giró la película *Julio Romero de Torres* de Julián Torremocha. En el monumento aparece Julio, una vez más, acompañado por su galgo. Y el boceto en bronce (solo del busto) se encuentra en el Museo Julio Romero de Torres.

Para el proyecto hubo incluso aportaciones internacionales. Pero me resulta especialmente curioso destacar, por ejemplo, el listado de lugares donde, a 6 de octubre de 1930, podían realizarse estos: Círculo de la Amistad, Círculo de Labradores, Círculo Mercantil, Círculo Conservador, Club Guerrita, Casa del Pueblo, Casa de don Rafael Hoyo, librería Hesperia (plaza de Cánovas), librería de don Rogelio Luque (calle Diego León), Casa de Pueyo y Compañía (plaza de Cánovas), Sánchez Hermanos (calle Claudio Marcelo) y Sociedad de Socorros Mutuos de Orífices y Plateros.

Al año siguiente de inaugurarse el monumento, falleció Fernando, y aquel hecho fue el comienzo de lo que desde el presente podríamos considerar prácticamente como una cuenta atrás que terminaría con la desaparición de la familia por la ausencia de descendencia. En 1949 dijo adiós Rosario, dejando a las flores del jardín tristes y a Angelita sin nadie que la ayudase a cuidarlas. En 1956, Enriquito. Y, en 1975, Angelita.

De Rafalito, Amalia y María daría Miguel Salcedo Hierro concisas y descriptivas pinceladas. Aseguraba que el primogénito era «pausado y tranquilo» y que tenía «un profundísimo sentido del humor». De Amalia destacaba su belleza y recordaba el retrato que le había hecho su padre: «Como si el cuadro le hubiera influido, toda su vida llevó el peinado que luce en la pintura». Y de María diría que era «vivaz y enérgica», carácter adecuado para el papel de eslabón con la eternidad que le correspondió.

Amalia murió en 1981, y Rafael, en 1984. Durante los siete años que transcurrieron hasta el fallecimiento de María, esta vería pasar lentamente el tiempo en el reloj de la casa, recordando lo que esta había sido décadas atrás. Como Fernanda en *Cien años de soledad*, que se llevaba la comida «a la mesa para comérsela en manteles de lino y entre candelabros, sentada en una cabecera solitaria al extremo de quince sillas vacías».

A lo largo de estas páginas hemos rescatado muchos curiosos paralelismos entre dicha novela y los Romero de Torres en general o la filosofía artística de Julio en particular. En este caso, lo más llamativo no es que la lógica sensación que tendría María ante la paulatina desaparición de la familia sería similar a la expresada por García Márquez. Ni que el arco temporal de las varias generaciones de ambas familias pueda ser relativamente comparable. Lo más curioso es que dijimos que en la vivienda de la plaza del Potro llegaron a convivir dieciséis o diecisiete personas. La cita que acabamos de reproducir de *Cien años de soledad* hace referencia a un total de… dieciséis sillas en la mesa.

Heredera única del patrimonio familiar, María, en 1987, ofreció a la Junta de Andalucía la venta de la colección Romero de Torres, el conjunto de bienes muebles que incluía patrimonio artístico, documental, arqueológico, fotográfico, etc. Esta se consumaría en 1988, incluyendo, entre otras cláusulas, el uso vitalicio de la vivienda por su parte.

Además del fondo documental que tan útil ha sido para este libro, hay que destacar que había algunas obras de

Julio, de su padre, de su hermano Rafael y de Rafalito. Hablamos de lienzos, carteles o bocetos (como los de *Amor místico y amor profano* o *La consagración de la Copla*). E incluso una copia de la película de Torremocha.

En el caso de las obras definitivas de nuestro protagonista, podemos intuir que se trataba de cuadros que no habían sido donados al nuevo museo tras su fallecimiento por el aprecio de la familia a los mismos (como quizá podría ser el caso del retrato de Francisca). O, más probablemente, porque eran de unas características diferentes a su estilo personal. De hecho, varias pertenecen a su etapa de juventud: *Bendición Sánchez*, *Mal de amores*, las arpilleras con escenas del Antiguo Testamento o el mencionado retrato de su esposa. Hay también lienzos con historia singular, como el retrato de Machaquito, o inacabados, como *Composición con la chiquita piconera*.

El 19 de febrero de 1991, la prensa se hizo eco del fallecimiento de María. El diario *ABC* daba así la noticia:

> María Romero de Torres y Pellicer, la única hija viva del pintor cordobés Julio Romero de Torres, ha fallecido en Córdoba, a los ochenta y ocho años, a consecuencia de un paro cardíaco. La muerte de María ocurrió en la misma casa donde nació y vivió toda su familia desde que el padre de Romero de Torres fue nombrado director del Museo Provincial de Bellas Artes. María, última de los tres hijos que tuvo el pintor cordobés, estaba soltera y el próximo 12 de marzo cumpliría ochenta y nueve años. Su principal aportación a los bienes culturales de la comunidad fue la venta al Gobierno andaluz de todo el legado del pintor por el simbólico precio de dieciocho millones de pesetas.

Retrato de Francisca Pellicer. Museo de Bellas Artes
de Córdoba. Colección Junta de Andalucía.

Podríamos doblar el papel del tiempo y pasar una aguja con un hilo atravesándolo para hilvanar diferentes episodios (por ejemplo, la muerte de Julio y la de su hija María). Y doblarlo otra vez para incluir la llegada de sus padres a la plaza del Potro. Y quizá todos los nacimientos que allí tuvieron lugar y que dieron paso a aquel griterío infantil que imaginábamos en el patio interior. A fin de cuentas, sería tan simple y tan complejo a la vez como aglutinar la historia de toda la familia en un solo lugar y en un solo momento.

Al final de *Cien años de soledad* se dice que «Melquíades no había ordenado los hechos en el tiempo convencional de los hombres, sino que concentró un siglo de episodios cotidianos, de modo que todos ellos coexistieran en un instante».

Se refería al momento que unía todos los momentos. Como el condensado en las obras de Julio, que, con sus pinceles mágicos, había resumido en cualquiera de sus lienzos los ciento veintinueve años que los Romero de Torres vivieron en la plaza del Potro. Unos centímetros de tela en los que reflejaba para siempre su familia, su patio, el universo femenino, Córdoba y la muerte. Y congelaba su última conquista: la eternidad.

Tumba de Julio Romero de Torres en el cementerio de San Rafael. Detrás de ella se encuentran las del resto de la familia.

AGRADECIMIENTOS

A todos los que han aportado algo a este libro: Juan José Primo Jurado, Mercedes Valverde Candil, Fuensanta García de la Torre, José María Palencia Cerezo, Jesús Cabrera Jiménez, Juan Bautista Carpio Dueñas, Juan Miguel Moreno Calderón, Jesús Daniel Alonso Porras, Alicia Córdoba Deorador, Leopoldo Izquierdo Fernández, Avelino Cazallo González, Lourdes Maestre Serrano, Roberto Carlos Roldán Velasco, Miguel Ángel Roldán Sánchez, Francisco Mulero Molino, Cristóbal Cañete Vidaurreta, Ángel Pasamontes Lara, Gonzalo J. Herreros Moya, Ángel María Ruiz Gálvez, rabino Haim Casas, Antonio Moreno Bello, David Martín López, Antonio Martínez Cerezo, Manuel Portillo Fabra, hermanos Ramírez Jiménez, Gloria Sos Navarro, Teodomiro Rueda García, Jenaro Casas Arjona, Domingo Torres Arias, familia Romero González, ordenanzas del Museo Julio Romero de Torres.

A los archivos cuya documentación hemos consultado, destacando la profesionalidad, disponibilidad y amabilidad de su personal.

A las instituciones, entidades y particulares que han cedido imágenes para este libro en favor de la divulgación de la obra de Julio Romero de Torres.

A todos los que alguna vez han colaborado en *El mes de Julio Romero de Torres*, pues de todos ellos he aprendido algo sobre el artista.

Y, muy especialmente, a María del Mar Ibáñez Camacho. Sin su conocimiento y pasión por la familia Romero de Torres no habría sido posible contar esta historia.

CRÉDITOS FOTOGRÁFICOS

Las fotografías de las obras de arte que se encuentran en el Museo Julio Romero de Torres fueron cedidas por Mercedes Valverde Candil, directora de la entidad, siendo Juan Miguel Moreno Calderón concejal delegado del Área del Cultura del Ayuntamiento de Córdoba.

El uso de imágenes de obras de arte y fotografías familiares del Museo de Bellas Artes de Córdoba (Colección Junta de Andalucía) fue autorizado por Cristina Casanueva Jiménez, delegada territorial de Cultura y Patrimonio Histórico de la Junta de Andalucía en Córdoba, siendo las mismas cedidas por José María Palencia Cerezo (director del Museo de Bellas Artes de Córdoba) y Alicia Córdoba Deorador (directora del Archivo Histórico Provincial de Córdoba), respectivamente.

Resto de créditos fotográficos: Archivo Fotográfico Museo Nacional Centro de Arte Reina Sofía, Fundación La Caja de Canarias, Real Círculo de la Amistad de Córdoba, Fundación PRASA, Archivo Fotográfico Cajasur, Fundación Cajasur - Palacio de Viana, Cristóbal Cañete Vidaurreta, Antonio Moreno Bello, Teodoro Fernández Vélez.

BIBLIOGRAFÍA

Con especial mención a Fuensanta García de la Torre, que aportó amablemente, por iniciativa propia, una ingente cantidad de bibliografía a este proyecto.

ALBERT, Manuel J. Entrevista a Mercedes Valverde Candil, en diario digital *Cordópolis.* 22 de enero de 2017.

BAUDELAIRE, Charles. *Las flores del mal.* Introducción, traducción y notas de Carlos Pujol. Colección Austral Singular. Editorial Planeta, S. A. 2015-18.

DE LA CAL, Juan Carlos. Entrevista a María Teresa López, la Chiquita Piconera, en *Ars magazine* (suplemento diario *El mundo*). 22 septiembre 2002.

CARPIO DUEÑAS, Juan Bautista: *El corazón de Córdoba: La Plaza del Potro (s. XIII-XX).* Conferencia impartida el 4 de noviembre de 2016 en la Posada del Potro (Córdoba) dentro de «El mes de Julio Romero de Torres».

DOMÍNGUEZ MORALES, Bartolomé (coord.). *Tiempo de Feria. Historia y Carteles de las Ferias de Córdoba.* Directora del proyecto: Ana Verdú Peral. Archivo Municipal de Córdoba. 2007.

«Especial Socios del Casino: esculturas y homenajes. Julio Romero de Torres». *Revista del Casino* Madrid nº 46. Diciembre 2006.

GARCÍA DE LA TORRE, Fuensanta. *Colección Romero de Torres.* Cuadernos de Intervención en el Patrimonio Histórico (n.º 4). Consejería de Cultura y Medio Ambiente de la Junta de Andalucía. Córdoba, marzo 1991. Colaboradores: Alfonso Blanco y José María Palencia.

—. «Los carteles de feria y fiestas de Julio Romero de Torres». *Laboratorio de arte*, 5 (1993). Universidad de Sevilla.

—. *Julio Romero de Torres. Pintor. 1874-1930.* Editorial Arco/ Libros S. L. Colección *Ars Hispánica.* 2008. Madrid.

—. «Los orígenes de la museología y la museografía en Córdoba». *Laboratorio de arte*, 31 (2019).

García Ramos, María Dolores. «Arquitectura y funcionalidad del Museo Julio Romero de Torres de Córdoba en la década de los treinta». *Ars Bilduma*, 2018.

Jiménez Barca, Antonio. «Historia de un cuadro perdido». *Diario Córdoba*, 14 noviembre 2007.

Márquez Cruz, Francisco Solano. *Cuando el Gran Capitán conquistó las Tendillas: Vicisitudes de un monumento.* Conferencia dentro del ciclo *El Gran Capitán: Una mirada desde la Modernidad*, organizado por la Real Academia de Córdoba y el Ayuntamiento de Montilla en 2015. Las conferencias fueron publicadas ese mismo año por las dos entidades organizadoras.

—. «Calle Julio Romero de Torres: Por donde pasea el duende del pintor». Dentro de su columna «Callejero sentimental del casco antiguo de Córdoba». *Diario ABC Córdoba*, 24 de abril de 2020.

Primo Jurado, Juan José. *La Córdoba de Julio Romero de Torres.* Editorial Almuzara, 2010.

Salcedo Hierro, Miguel. «Rafael, Amalia y María». *Diario Córdoba*, 22 de febrero de 2003.

Ramírez de Arellano y Gutiérrez, Teodomiro. *Paseos por Córdoba.* Edición facsímil de Diario Córdoba. Prólogo de Miguel Salcedo Hierro. Córdoba, 2001.

Valverde Candil, Mercedes. «Julio Romero de Torres y "La Gracia": La intención narrativa». *Boletín de la Real Academia de Córdoba de Ciencias, Bellas Letras y Nobles Artes.* Año LXXX, número 141. Julio-diciembre 2001.

—. *Ese innato deseo de belleza; la orfebrería y joyería en Julio Romero de Torres.* Conferencia impartida el 3 de octubre de 2017 como parte del ciclo por el 40 aniversario de la creación de la Asociación Provincial de Joyeros y Plateros de Córdoba. Publicada junto a las demás conferencias en *Córdoba y su joyería*; Aniceto López Fernández (coord.). Instituto de Academias de Andalucía. Consejería de Conocimiento, Investigación y Universidad. Junta de Andalucía.

—. «Genialidad en los muros del Círculo». *Revista del Real Círculo de la Amistad, Liceo Artístico y Literario.* Octubre de 2010.

ZUERAS TORRENS, Francisco. *Julio Romero de Torres y su mundo.* Colección de Bolsillo Cajasur. Publicaciones del Monte de Piedad y Caja de Ahorros de Córdoba. Córdoba, 1987.

CATÁLOGOS

Catálogo del Museo Julio Romero de Torres. Mercedes Valverde y Ana María Piriz Salgado. Ayuntamiento de Córdoba, 1983.

Julio Romero de Torres desde la Plaza del Potro. Exposición del 20 de mayo al 30 de junio de 1994. AA. VV. Consejería de Cultura y Medio Ambiente de la Junta de Andalucía. Sociedad Editorial Electa. Madrid, 1994.

Julio Romero de Torres. Símbolo, materia y obsesión. AA. VV. Córdoba, febrero-mayo de 2003.

Julio Romero de Torres. AA. VV. Fundación Caixa de Cataluña. 1996.

Miradas en Sepia. Textos: Mercedes Valverde. Ayuntamiento de Córdoba. 2006.

El Japonismo de Julio Romero de Torres. Exposición en el Museo de Bellas Artes de Córdoba. 5 de noviembre de 2013 – 20 de abril de 2014. Coordinador de la exposición: José María Palencia Cerezo. Editan: Junta de Andalucía y Diputación de Córdoba.

Julio Romero de Torres. Entre el mito y la tradición. Del 27 de abril al 8 de septiembre de 2013. Museo Carmen Thyssen Málaga. AA. VV.

Córdoba luciente en sus fundaciones y museos. Editado por Fundación Viana. Exposición 15 de octubre - 13 diciembre 2015.

Julio Romero de Torres. Social, modernista y sofisticado. Fundación Bancaja (Valencia). Exposición del 18 de julio de 2019 al 12 de enero de 2020. Textos catálogo: Fuensanta García de la Torre, Francisco Javier Pérez Rojas y José María Palencia Cerezo. Edita Fundación Bancaja.

AUDIOVISUALES

Canal Sur. Reportaje en *Los Reporteros* en 1993. Audiovisual.

Fraile, Mario. Entrevista María Teresa López en *Con nombre propio*, por Mario Fraile, en 1988. Audiovisual.

La documentación de archivo consultada corresponde fundamentalmente a la colección Romero de Torres del Museo de Bellas Artes de Córdoba (Junta de Andalucía) que se conserva en el Archivo Histórico Provincial de Córdoba.

También se ha contado con la colaboración del Archivo General del Obispado de Córdoba, el Archivo Histórico del Palacio de Viana, el Departamento de Archivo, Biblioteca y Publicaciones de la Real Academia de Bellas Artes de San Fernando y el Centro de Documentación y Archivo de la Sociedad General de Autores y Editores.